KB077051

사랑의 빛

호모 룩스

|일러두기|
이 책에 수록된 몇몇 작품은 저자와의 연락이 닿지 않아 부득이하게
게재 허락을 받지 못했습니다. 출판사로 연락을 주시면 허락을 받고
게재료를 지불하겠습니다.

마음속 사랑을 발견하는
어느 심리치료사의 빛나는 통찰

사랑의 빛

호모 룩스

Homo Lux

박정혜 지음

odos

프롤로그

prologue

호모 룩스

사랑의 빛을 향하여

인간의 학명은 호모 속 사피엔스 종입니다. '호모 사피엔스'는 생각이 깊고 슬기롭고 현명한 인간이라는 뜻이지요. 이 '호모' 속의 뒤 종 이름을 창의적으로 붙인 몇몇 이름들이 있습니다.

'호모 루덴스'를 붙이면 '유희하는 인간'이 됩니다. 네덜란드 문화사학자인 요한 하위징아가 1938년에 제창한 개념입니다. 인간의 본질을 유희라고 정의한 것이지요. 최근

에는 이 말에서 파생된 신조어가 생겨났습니다. 바깥보다 집에서 놀고 휴식하는 사람들을 가리켜 '홈 루덴스'라고 일컫지요. 2009년 제러미 리프킨의 《공감의 시대》라는 책에서 나온 '호모 엠파티쿠스'도 있습니다. 공감하는 인간이라는 뜻입니다. 그는 21세기가 인간의 공감 본능이 이끌어 가는 '공감의 시대'가 될 것으로 보았습니다. 과도하고 과몰입된 경쟁 시대에 절실한 것이 바로 '공감'인 것입니다.

2016년에 생물학자 최재천은 이를 '호모 심비우스'라고 했습니다. '심비우스Symbious'는 생물학적 용어로 '공생'을 말합니다. 호모 심비우스는 다른 생물들과 공존하기를 염원하며, 지구촌 모든 이들과 함께 평화롭게 살기를 원하는 인간이라는 의미를 담고 있습니다.

2017년에 유발 하라리는 '호모 데우스'라고 새롭게 명

명했습니다. 데우스Deus는 '신God'이란 뜻이니, 이 말은 '신이 된 인간'이라고 할 수 있겠지요. 인간이 인류의 재앙, 전쟁, 역병을 진압하고 신의 영역인 불멸, 신성까지도 다 다룰 수 있다고 보는 것입니다. 즉, 인류가 신한테서 구원을 찾기보다 사회 안에서 해결책을 찾고 과학과 이성의 힘으로 위기를 극복한다는 것에 창안하여 명명한 것입니다. 호모 데우스는 찬란한 바벨탑인 셈입니다.

이에 전면적 대응으로 《데우스 호모》(인간이 되신 하나님)라는 책이 최인식이라는 기독교학자에 의해 발간되기도 했습니다.

이제 다른 얘기를 해보고자 합니다. 인간 영혼의 핵심은 '빛'입니다. 이 빛은 외따로 존재하지 않습니다. 우주의 에너지, 신과 합일을 이루고 있습니다. 망각하고 있거나 부인하는 이한테도 이 '빛'은 존재합니다. 빛은 살아있는 실체이고, 생명의 원동력입니다. 성경의 고린도전서 13장의 말씀대로입니다. 지금은 어렴풋이 알지만, 육체의 지배를 벗어나서는 온전히 알게 되겠지요. '빛'의 속성은 '사랑'이고, 그 영향력은 '긍정 에너지'입니다. '빛'은 라틴어로 '룩스Lux'라고 합니다. 그래서 사랑의 빛을 가진 치유의 인간을 '호모 룩스'라고 할 수 있습니다.

제가 '호모 룩스'라는 말을 쓴 것은 2021년 1월 13일자 '새전북신문' 칼럼을 통해서입니다. 모든 인간은 '마음의 빛'을 지닌 채 영혼의 성장을 목적에 두고 이 세상에 태어났습니다. 오쇼 라즈니쉬에 의하면 신, 삶, 진리, 사랑은 한 뿌리에서 나온 네 가지 이름입니다. 이 모든 것은 '사랑'으로 의미를 갖습니다. 철학자 레비나스도 이를 '빛'이라고 표현했지요.

'호모 룩스'는 신과 연결된 사랑으로 치유의 에너지를 지닌 인간을 말합니다. 빛은 절대 사라지지 않습니다. 많이 아플수록 빛은 은폐되어 있을 뿐입니다. 다만, 빛이 있다고 인식하고 가려진 것을 들춰내면 됩니다. '호모 룩스'는 치유가 절실한 현시대에 가장 적합한 명명일 것입니다.

여기, 호모 룩스를 위한 문이 있습니다. 문을 열고 들어서면 세상과 연관된 이야기들과 만날 수 있습니다. 한꺼번에 모든 문을 열 수도 있겠지요. 그렇게 하고 나서라도 한숨 돌리면서 한 번씩 다시 문을 열어 보는 것은 어떨까요? 이곳에는 나뭇잎에 머물다 온 초록 햇살이 있습니다. 그윽하고 맛있는 차도 있습니다. 하늘을 마음껏 날고 있는 구름이 보이는 잘 닦인 창문도 있습니다.

원하는 만큼 머물다가 가슴과 등을 어루만져주는 기운을 충분히 느낄 때, 서서히 일어나 보셔도 좋겠습니다. 문을 열고 나설 때마다, 또 다른 문이 열릴 때마다 찬란한 빛이 함께 합니다. 그 빛이 삶의 발걸음을 산뜻하고 가

볍게 이끌어 줍니다. 이렇게 우리가 함께 이어지듯이, 마지막 문은 다시 처음으로 이어져 있습니다.

2023년 5월

박정혜

차례

내 안의 작은 우주

죽음도 두렵지 않아

피하지 않고 마주하기

호모 룩스

Homo Lux

꿈꾸는 삶

Dream life

꿈인 척하는 꿈

꿈

꿈은 자유다. 자유롭게 꿈을 꿀 수 있다는 뜻으로도 읽을 수 있겠지만, 그런 의미로 쓴 말이 아니다. 꿈은 말 그대로 자유다. 꿈을 가질 수 있다면, 자유를 누리고 있는 것이다. '꿈'이 '자유'라는 사실을 깨달은 것은 영화 〈쇼생크 탈출〉로 인해서이다. 주인공 앤디는 누명을 쓰고 감옥에 갇힌 지 이십 년 만에 탈출한다. 영화를 본 이들은 기억할 것이다. 억수로 쏟아지는 비를 온몸으로 맞으며 마지막 통로를 빠져나온 그가 양팔을 치켜올리며 환호하던 장면. 비로소 오랜 세월 동안 앤디가 산책 시간에 교도소 내 운동장을 유유히 걸어 다녔던 이유를 알 수 있게 된다. 그는 매일, 매 순간, 꿈을 꾸고 있었던 것이다. 은밀하고도 위대하게!

철학자 니체Nietzsche는 "왜 살아야 하는지 아는 사람은, 그 어떤 어려움도 이겨낼 수 있다"라고 했다. 살아야 하는 이유를 아는 것은 자각하는 삶을 말한다. 존재의 이유를 알아차릴 수 있다면 바로 '자유'가 무엇인지 깨달을 수 있을 것이다. 우리는 모두 삶이라는 감옥에 갇혀 있는 무기수이다. 살아가는 동안 '꿈'은 우리를 견뎌내고 이겨내게 해준다. 삶을 벗어나야 제대로 만끽할 수 있는 '자유'를 그나마 알 수 있게 하는 것은 바로 '꿈'이다. 해서 니체의 말은 이렇게 해석할 수 있다.

"꿈을 가진 사람은 그 어떤 어려움이 있더라도 이겨낼 수 있다."

꿈은 영혼을 성숙하게 한다. 꿈을 꿀 나이가 정해져 있는 것도 아니다. 꿈을 꾼다면, 그 나이가 꿈꾸기에 적합한 나이다. 노인의 시기는 꿈을 꾸기 가장 마침맞은 때라고 할 수 있다. 젊은 시절 벌어먹고 사느라 미처 하지 못했던 꿈들을 이제는 이룰 수 있는 나이이기 때문이다. 살아갈

날이 얼마 남지 않은 때라면, 더욱 절실해진다. 꿈을 꾸고 실행해가는 것은 참으로 멋진 일이다. 더 이상 바쁘다는 핑계를 대지 않아도 되니, 퇴직 이후라면 더할 나위 없다. 그런데도 노인들은 꿈을 꾸지 않는다. 대신 바쁘다. '인생의 이모작'을 하기에 여념이 없다. 퇴직 이후 다른 일을 계획하고 이왕이면 돈벌이가 되는 일을 하기 위해 혈안이다. 여전히 '꿈'은 중요하지 않다. 혹자는 어린 시절부터 간절히 원했던 모습을 조금이라도 닮아가려고 고군분투한다. 대부분 '꿈'이 아니라 욕망을 쫓아간다. '꿈'을 사전에서 찾아보면 '실현하고 싶은 희망이나 이상'이라고 되어 있다. 대개는 '꿈'이라는 이름을 빌려서 으스대고, 자만심을 키우고, 칭찬과 부러움을 사려고 하기 십상이다. 모든 꿈이 진정한 꿈은 아니다. 꿈을 꾼다는 명목으로 스스로를 옭아매고 있지는 않은가? 꿈을 실현해 나가는 동안 일어나는 어려움을 이겨내면서도, 심지어 주위에서 미쳤다는 소리를 듣더라도 '자유'를 누리고 있다면 그것이 바로 진정한 꿈이다. 노인뿐만 아니다. 젊은이들조차 '꿈'이라면 '돈벌이'와 연관되어 생각할 뿐이다. 어떤 직업, 진로를 결정할 때 진정한 꿈이 아니라 '꿈인 척하는 꿈'을 내세운다. 어떻게 하면 추앙을 한 몸에 받고 부와 명예를 거머쥐고 살 수 있을까 하는 '꿈'은 자신을 속박한다. 물질적 가치에 초점을 맞출수록 꿈은 그저 꿈이다. 꿈으로 인해 스스로를 닦달하고 불안해한다면 그것은 진정한 꿈이 아니다.

이제 제대로 된 꿈을 꾸고 실행에 옮겨야 할 때이다. 우리의 삶은 그렇게 길지 않다. 어떤 꿈을 꿀 때, 내면의 속삭임을 충분히 들었는가? 그 꿈을 생각만 해도 들뜨고 열정이 가득한가? 누군가에게 나눠주고 도움이 될 수 있는가? 그 꿈을 떠올렸을 때 행복한가? 그리고 무엇보다 당신은 자유로운가? 이 물음들에 긍정적인 대답을 했다면, 당신은 분명 꿈을 꾸는 자'일 것이다.

꿈

지향점이 어디냐에 따라 꿈의 판로가 확고하게 나
뉜다. 보이는 것 위주로 자아를 앞세울 때 꿈은 불
안하고 초조해진다. 간혹 만족을 느껴도 쾌락에
불과해서 오래가지 못한다. 더 큰 욕망을 꿈꾸며
걷잡을 수 없어진다. 보이지 않는 내면으로 자기실
현을 향해 나갈 때 꿈이 성취될 뿐만 아니라 어느
새 꿈이 따라와서 자신을 받쳐준 사실을 깨닫게
된다. 우주의 에너지, 신의 섭리 안에서 꿈을 꾸고
그 길을 왔기 때문이다.

벗어나는 길은 오직 하나

스키마와 고정관념

나이는 서럽다. 마음은 약하다. 세상에 되는 일이 없다. 인간은 이기적이고 게으르다. 이 말들은 부정적이다. 하나 더 공통점을 찾아보시라. 확고한 신념이 느껴진다. 그것은 바로 직접 혹은 간접 경험으로 인해 얻어진 것이다. 기억 속에 저장된 지식, 지식의 추상적 구조를 '스키마schema'라고 한다. 우리는 스키마로 인해 정보를 분류하고 합리적인 판단을 하며 관점을 세워서 해결하고자 한다. 한번 형성된 스키마는 웬만해서는 잘 변하지 않는다.

자신의 어머니가 극단적인 선택을 했기에 자신도 그럴 것이라는 생각을 한 이가 있다. 그런 자신의 운명을 이겨내야 한다는 강한 의지 이면에는 어머니에 대한 원망과 미움이 자리하고 있었다. 그의 삶은 평온하지 못했다.

감정은 수시로 변했고, 스스로 불행하다고 여기고 있었다. 치유 프로그램을 적용해서 어머니를 용서하고 사랑하자 비로소 자신의 삶을 사랑할 수 있었다. 또 다른 이는 어머니가 돌아가신 나이에 자신도 죽을 것이라는 신념을 가지고 있었다. 그 나이가 다가오자 은밀하게 마지막을 준비하고 있었다. 자신에게 불행의 장막을 덮어씌우고는 숨 막힌 채 있었다. 어머니가 무엇이라고 하겠는지 어머니와 마음을 합해서 말해보자고 했다. 오냐, 어서 빨리 하늘로 와라. 내가 기다리고 있다가 아니었다. "못다 했던 내 몫까지 너는 더 행복하게, 오래 살아라"라는 어머니 마음을 안 순간 비합리적 신념은 여지없이 깨졌다. 또 하나, 어떤 이는 사는 게 답답해서 무속인을 찾아갔다. 악귀 세 마리가 항상 붙어 다녀서 되는 일이 없다고 들었다. 그 말을 누가 곧이곧대로 듣겠는가 싶지만, 그렇지 않다. 자신도 모르게 그 말을 믿어 버린 것이다. 이후 그 무속인의 말은 늘 따라다니며 괴롭히기 시작했다. 심신이 안 좋을 때마다 악귀가 생각났다. 생각할수록 어떤 실체가 되어 보이는 듯도 했다. 스스로 생각해도 어이없어서 밝히지 못하는 그 신념을 치료사한테 털어놓았다. 치료사가 그건 말짱 사기라고 했고, 그 순간 악귀는 곧장 떨어져 나갔다.

어떻게 이런 것이 가능할까. 만물은 에너지이며, 우리 자신도 에너지이기 때문이다. 게다가 인간이 가진 상상력은 에너지를 창조하는 원천이다. 그래서 아인슈타인은 지성을 가늠하는 잣대는 지식이 아니라 상상력이라고 했다. 노인은 노인路人 즉, 참 인생길을 아는 이다. 깊은 마음, 마음의 핵심에는 우주의 에너지가 임하고 있어서 무궁무진한 힘이 생긴다. 세상은 뜻한 대로, 내가 바라보는 대로 이뤄진다. 인간은 모두 사랑의 존재이며, 각자 이유를 가지고 태어난다. 서두에서 한 말을 이렇게 뒤엎었다. 바로 스키마 뒤엎기를 해냈다! 하나만 더, 모든 병은 약으로 치료해야 한다. 이 말 또한 스키마 뒤엎기를 해보면 모든 병은 마음, 영혼과 관련되어 있으므로 먼저 영혼의 옥죄임으로부터 자유로워야 한다. 나도 모르게 스며든 원한, 배신, 미움으로부터 벗어나면 고혈압을 비롯한 심장 혈관계 질환이 치유될 것이다. 정신의학자 데이비드 레이먼 호킨스David. Ramon Hawkins와 심리학자 알렉산더 로이드Alexander Loyd가 같은 맥락의 말을 이미 한 바 있다. 그리하여, '벗어나는' 길은 오직 하나, '용서'다.

삶 속에 신비함이 깃들게 하면, 매 순간이 즐겁다. 에너지의 역동이 나를 춤추게 하라. 그것은 간단히 말해 '스키마 뒤엎기'로 해낼 수 있다. 그것이 결국 내 삶의 반전, 기적을 일으킬 것이다.

스키마schema와 고정관념

스키마의 사전적 뜻은 외부의 환경에 적응하도록 환경을 조작하는 감각적·행동적·인지적 지식과 기술을 통틀어 이르는 말로 윤곽이나 형태라는 뜻을 지닌다. 개인마다 각자의 경험을 바탕으로 고유한 스키마를 형성하는데, 이는 일정한 가치관을 일컫기도 하지만 틀에 박힌 고정관념을 의미하기도 한다. 스키마를 엎는 것은 이러한 틀을 깨고 자유로운 상상력을 발현시키고 유연한 사고력을 갖는 것을 일컫는다.

바닥을 제대로 친다면

일체감과 극복

사는 재미가 없다. 딱히 치명적인 일이 일어난 것은 아니다. 적어도 최근에는 그렇다. 따분한 날이 이어진다. 웃을 일도 울 일도 없다. 그냥 갑갑하고 답답하다. 세상도 아프고 나도 아프다. 만성적인 권태, 피로, 우울이 끈적하게 달라붙는다.

누구나 느껴봤을 것이다. 나약하다고 혀를 찰지 모르지만, 솔직하게 말해보자. 자신과 싸워서 이겨야만 하는가? 삶은 전쟁터가 아니다. 그렇게 표현하는 이가 있다면 엄청난 착각이다. 넘어지면 골백번이라도 일어나야 하는가? 인간은 오뚝이가 아니다. 기쁨과 즐거움이 옳은 감정이고 슬픔과 괴로움이 나쁜 감정도 아니다. 젊을수록 좋고 늙으면 불리하다는 말처럼 위험하다. 그러한 판단을 유도하는 세상이라면, 세상을 바꿔야 한다. 그것도 자기 자신으로부터! 나를 바꾼다는 것은 쉽지 않다. 마음을 바꿔라! 강하게 이겨나가라! 당장 해야 해! 이렇게 자신을 몰아세우라는 것이 아니다. 다만 이 엉터리 같은 세상의 가치를 전복시켜 보자. 보이는 것 위주로 돌아가는 법칙만 따라가면 남는 게 없다.

우리나라 자살률은 수년 동안 경제협력개발기구OECD 회원 국가 중 1위다. 항우울제를 먹는다고 자살 충동이 사라지는 것도 아니다. 한번 들어온 자살 사고는 좀처럼 없어지지 않는다. 자리 잡는 것은 적어도 한 달이다. 석 달이 되면, 멍울의 크기는 걷잡을 수 없다. 눈만 뜨면 자살에 휩싸이게 된다. 모든 것에 자신이 없다. 모든 것이 공허할 뿐이다. 살아있는 유령처럼 지내다가 연기처럼 사라질 것을 꿈꾼다. 한마디로 말하자면, 부정 에너지 때문이다. 어떻게 어둠을 사라지게 할까? 답은 자명하다. 스위치를 올리면 된다. 빛이 들어오면, 어둠은 순식간에 사라진다. 스위치를 찾을 힘도, 올릴 힘도 없다면 첫 시도는 이렇게 해보자. 어둠이 아니었을 때를 떠올려보자. 분명 그런 순간이 있었다. 그때의 마음이 고스란히 내 안에 있다. 이왕이면 환한 빛이 쏟아지던 순간을 기억해보자. 한번 들어온 마음은 내 마음의 서랍 안에 고스란히 존재하고 있다. 그런 다음, 내가 지금 죽는다면 어떨지 상상해보자. 죽은 다음에는 어떻게 될까? 궁금하다면 섣불리 넘겨짚지 말고 자살이 아니라 '죽음'과 관련된 책을 읽어보자. 몇 권만 봐도 알 수 있다. 자살 직후, 영혼은 처절하게 외친다. "제발 살고 싶어!"라고.

세상이 아무리 나를 욕하고 짓밟아도 영혼은 고결해질 수 있다. 오직 나만이 나를 상할 수 있기 때문이다. 우울한 이유는 안으로 화가 파고들어서 나를 공격하고 있기 때문이다. 눈에 보이는 가치만 추구하는 것에서 서서히 결별하는 습관이 결국 나와 세상을 바꿀 것이다. 그리하여 바닥을 제대로 친다면, 아름답게 날아갈 수 있다.

일체감과 극복

심리치료사 카르멘 하라Carmen Harra는 《일체감이 주는 행복》이라는 책에서 일체감은 역경을 극복하는 힘이라고 했다. 영혼을 치유하는 가장 좋은 방법은 신성한 연결고리를 깨닫고 그것을 활용하는 것임을 알게 되었다고도 했다. 우리가 지닌 영혼이 신성함과 연결되어 있다는 것을 깨달을 때 그러한 일체감으로 인해 비극적인 현실을 극복해 나갈 수 있다.

마음의 눈동자

이성의 뇌

2048년 지구는 어떨까? 극심한 환경 오염으로 10년 안에 지구인의 절반은 죽게 된다. 인류의 새로운 고향을 찾으려는 프로젝트가 가동된다. 토성의 달인 '타이탄'으로 이주하기 위한 대원들이 선발되어 맹렬한 훈련에 돌입한다. 레나드 러프 감독의 영화 〈더 타이탄The Titan〉은 그렇게 시작한다.

　대원들은 신인류로 진화하기 위해 300번 이상 주사를 맞는다. 인간 DNA를 변화시키는 효소를 주입해서 타이탄에서 생존할 수 있는 외계인이 되는 것이다. 프로젝트 책임자인 콜링우드 교수는 생체를 거슬리는 부작용으로 대원들이 죽어 나가는 것을 보고도 실험을 멈추지 않는다. 극 중 주인공인 릭 젠슨(샘 워싱턴 분) 중위는 뛰어난 신체 적응력을 보인다. 그는 대원들 중에서 살아남은 두 명 중 한 명이 된다. 타이탄으로 떠나기 직전, 이틀 밤을 집에서 보낼 수 있도록 허락을 받은 상태에서 릭은 이미 릭이 아니다. 얼굴도 체형도 '호모 타이테니언스'가 되고 만 것이다. 저주파와 촉각으로만 소통하고 물갈퀴가 달려있다. 집으로 돌아온 날 밤, 호모 타이테니언스가 된 여자 대원이 자신의 집에서 남편을 해치고 찾아온다. 급기야 군인들이 들이닥쳐 여자 대원을 사살한다. 격분한 릭은 생포 당한다. 콜링우드 교수는 릭의 아내이자 의사인 애비 젠슨에게 고통을 없애는 주사를 마지막으로 투여해서 타이탄으로 보내자고 한다. 그 주사는 화학적 절제술로 모든 기억을 사라지게 한다. 애비는 항변한다. "릭은 자신이 누구인지, 내가 누구인지, 아들이 누구인지, 기억하지 못하게 될 거예요." 콜링우드 교수는 대답한다. 릭이 저항하는 것은 지구에 너무 많은 애착을 느끼고 있기 때문이다. 기억해서 좋을 게 뭐가 있겠냐. 이제 릭은 여기 있을 수 없으며 그는 군인이고 돌이킬 수 없다. 다행히도 과학자 프레야가 바꿔치기한 앰플을 주사하는 바람에 릭은 기억을 그대로 보존한다.

　우리의 뇌는 세 부분으로 구성되어 있다. 첫 번째 부위는 후뇌로 뇌간과 소뇌로 구성되어 있다. 생명 유지에 필요한 기능을 담당하고 있으며 '파충류의 뇌'라고 부른다. 두 번째 부위는 중뇌다. 감정 기능을 담당하는 변연계가 있다. 이런 감정 표현은 포유류 고유의 행동이어서 '포유류 뇌'라고 부른다. 세 번째 부위는 대뇌 피질부(Cerebral cortex, 대뇌반구의 바깥층을 감싸고 있는 2~3mm의 회백질 부분)가 있는 전뇌로 고도의 정신 기능과 창조 기능을 관할하며 인간만이 가지고 있다. '이성의 뇌'라고 부른다. 대뇌 피질부가 발달한 덕분에 인간은 인류 문명을 창조할 수 있었다.

계획대로 기억을 제거했다면, 릭은 뛰어난 신체를 가졌으나 공감 기억을 거세한 파충류로 전락하고 말았을 것이다. 별로 흥행에 성공하지 못했던 이 영화의 백미는 바로 이 장면에 있다. 외계인으로 변한 릭은 언어로는 소통되지 않지만, 아내와 애타는 눈빛을 주고받는다. 서로를 바라보는 붉게 충혈된 눈물 맺힌 눈동자. 지금 이 시대는 함부로 날뛰는 충동을 통제하고 이성의 뇌를 더욱 발휘해야 할 시기다. 긍정의 마음으로 아름다운 감성을 담을 때 인간은 현실의 어려움을 타파해 나갈 수 있다.

이성의 뇌

자극된 모든 정보는 척수를 거쳐 뇌줄기에 이른다. 다시 시상을 거쳐 일차적으로 분석된 다음, 최고 중추인 대뇌피질에 도달한다. 이때 거미줄 같은 수많은 전파 섬유가 각성 전파를 계속 보내 대뇌피질이 맑은 정신으로 있도록 하는데, 이 전파 섬유를 망상활성화계(그물활성화계)라고 하며, 우리 인간의 의식을 명료하게 유지해 주는 각성 역할을 한다. 대뇌피질부가 손상되면 인간의 고귀한 정신, 도덕성과 양심을 표출할 수 없게 된다.

마음의 먹구름 걷어내기

사랑과 감사

12월이다. 막달이라니. 하는 일 없이 한 해를 보냈다는 자괴감이 들기 쉽다. 게다가 12월은 행사도 많아서 후딱 지나가 버린다. 연초에 품었던 계획이 이뤄졌는지 점검해볼 시간도 없다. 이러는 통에 슬쩍, 새해가 고개를 내밀 것이다.

어떤 말이 좋을까. 지금 이 순간, 무엇이라고 내게 힘을 줄 수 있을까. 강렬한 이미지 하나를 떠올려본다. 마음의 깊은 핵심, 정중앙에 영혼의 본질이 있다. 분석심리학자 칼 구스타브 융은 그곳을 자기Self라고 했고, 심상시치료에서는 '빛'이라고 부른다. 그곳은 놀랍게도 우주의 에너지가 임하는 곳이다. 신앙적으로 말하자면 하나님이 임재하신 곳이다. 융을 포함해서 통합심리학을 주창했던 켄 윌버(Ken Wilber, 트랜스퍼스널 심리학(Transpersonal Psychology)의 대가이자 통합심리학(Integral Psychology) 분야를 대표하는 학자)도, 정신의학자 데이비드 호킨스도 그렇게 말했다. 이미지를 그리자면 내 마음 안, 지극히 개성적인 한 지점에 우주가 담겨 있다. 같은 의미로 말한 몇몇 이들이 있다. 신라 고승 의상은 '화엄일승법계도華嚴一乘法界圖'에서 "일미진중함시방一微塵中含十方"이라고 했다. "하나의 티끌에 온 우주가 다 있다"라는 말이다. 고려 후기 승려 각운(고려 고종 때의 승려)은 '선문염송설화禪門拈頌說話'에서 "법계는 법 그대로이며 일체 제법이 서로 섞일 수 있어 시방세계가 모두 한 티끌 속에 들어갈 수 있으며, 한 티끌 역시 시방세계에 들어간다'라고 했다. 하나가 모두이며, 모두는 곧 하나라는 점에서 합일의식, 무경계와 의미가 통한다. 삶의 매 순간마다 내 안의 우주가 작동한다. 혼자 고달픈 인생길을 가는 것 같지만, 꼬투리를 깨고 들어가 보면 내 안에 신이 존재한다. 인도와 네팔 등지에서 흔히 나누는 인사 '나마스떼

Namaste'는 "내 안의 신이 당신 안의 신께 경배합니다"라는 의미를 지니고 있다. 풀어서 말하자면, "이 우주를 모두 담고 있는 당신을 존중합니다", "당신에게 마음과 사랑을 다해 경배합니다", "빛의 존재인 당신을 존중합니다"이다. 그리하여 우리는 모두 하나다.

한국화가 벽강(류창희柳昌熙, 원광대 한국화과 교수 역임)화백은 2015년 작품인 〈마음의 빛〉에서 이런 화제를 남겼다. '우리는 모두 빛인 채 서로서로 빛살을 뿌리고 나누면서 드리우고 번져가며 앞으로 앞으로 나아갑니다.' 우리의 속성은 빛이다. 각자 고유한 빛깔과 파장을 가지고 있다. 그 빛은 가려질 수 있지만, 사라지지는 않는다. 스스로 빛을 경험하지 못한 채 이승을 하직하는 이들도 적지 않다. 이들에게조차 빛은 존재한다. 빛은 퍼지는 속성이 있다. 삶은 각기 다른 빛이 퍼져서 한데 어우러지는 것이다. 빛은 사랑의 에너지로 드러난다. 즉, 마음의 먹구름을 걷어내기 위해 필요한 것이 바로 사랑이다.

지난 한 해 동안 내 사랑의 정도를 가늠해본다. 사랑이라는 명목을 내세워 간섭하고 통제한 것은 아닐까. 나는 나에게 얼마나 사랑의 빛으로 스스로를 안아 주었던가. 제대로 잘하지 못한 것 같아서 미안하다. 고개를 숙이는 순간, 기적처럼 내 어깨를 따뜻하게 잡는 손길을 느낀다. 내 안에 우주가 있고, 신이 존재하고 있다. 이 자명한 사실 앞에서 한 해가 가고, 또 온다. 모든 것이 오로지 감사할 뿐이다.

사랑과 감사

물의 결정체를 연구한 일본의 학자 에모토 마사루 Masaru Emoto에 의하면, 물이 가장 아름다운 결정체를 맺는 것이 '사랑'과 '감사'라는 말을 했을 때다. 그의 책《물은 답을 알고 있다》에 수록된 물의 결정체는 다이아몬드보다 더 정교하고 아름답게 맺혀져 있다. 대부분이 물로 이뤄진 인간이 스스로한테 어떻게 해야 할지 분명하게 알려주고 있다.

현재를 생생하게 사는 비결

_____

웰다잉과 웰빙

한 해 마지막 날을 앞두고 있다. 한 해 동안 어떤 일이 있었던가. 돌이켜보기 힘들다면, 후딱 새해가 되기를 바랄 수도 있겠다. 치명적인 일이 있었다면, 삶에서 이번 해를 빼버리고 싶을 것이다. 인간사는 너무나 다사다난해서, 결코 하나로 말할 수 없다.

속고 속이는 세상이다. 누구나 한 번쯤은 받아봤을 정도로 흔한 게 스미싱이다. 2021년 12월 27일 한 온라인 커뮤니티의 '하늘나라 아이에게서 온 문자'라는 글이 화제다. 아이 아빠는 삼 년 전 세상을 떠난 아이한테서 문자를 받았다. 폰 액정이 깨져서 계좌번호가 필요하다는 거였다. 기쁘기도 하고 허망하기도 했다는 소감을 올렸다. 말도 못 하는 아기였고, 의료사고로 고생만 하다가

간 딸을 떠올린 아빠의 심정이 오죽했을까. 어이없긴 하지만, 아빠는 상상했을 것이다. 별 탈 없이 살아있었다면, 아이가 휴대폰을 쓸 정도로 자랐다면 얼마나 좋았을까. 살아만 있다면 뭐든지 해줬을 텐데. 더 이상 만날 수 없다는 사실에 얼마나 가슴 저렸을까.

일본 에도 시대의 하이쿠 시인 바쇼(에도시대의 하이쿠 시인. 본명은 마쓰오 무네후사(松尾宗房)는 삶과 죽음에 관한 시를 남겼다. 시의 전문을 그대로 옮겨본다. '얼마나 놀라운 일인가 / 번개를 보면서도 / 삶이 한순간인 걸 모르다니!' 또 다른 시는 이렇다. '내 앞에 있는 사람들 / 저마다 저만 안 죽는다는 / 얼굴들일세'

삶은 얼마나 뜬구름 같은가. 아등바등 살아도 결국 아무것도 가져가지 못하고 세상을 떠난다. 장례식에 가서 울지만, 자신도 언제 어떻게 될지 모른다. 누군가 당하는 일을 나만 피해간다는 보장이 없다. 꽃길만 걷는다는 말은 있을 수도 없다. 그런 인사는 가당치도 않거니와 달콤하게 속이는 말이다.

영화 〈미드나이트 스카이〉의 시간은 2049년 2월이다. 지구는 더 이상 생생한 푸른빛이 아니다. 구체적으로 설명해주지는 않지만, 멸망의 원인을 짐작할 수 있다. 치명적인 실수였고 인류는 일시적으로 지하로 대피한 상태며, 모든 게 지구를 잘 돌보지 못해서 일어난 일이다. 북극권의 바르보 천문대에 어거스틴 박사가 혼자 남아 있다. 자가 혈액 투석과 약으로 겨우 연명해가는 그는 고독 속에 파묻혀 있다. 몇 알밖에 남지 않는 약이 마지막 때를 암시하고 있다. 그는 자주 과거, 열의에 차올라 연구하던 때를 회상한다. 사랑하는 연인과 아이를 팽개치고 북극에 남았다. 우주를 연구하는 숱한 업적을 세웠지만, 정작 아이 얼굴을 제대로 본 적이 없다. 그런 선택이 옳았는지 확신할 수도 없다. 세상도 그도 다만 죽어갈 뿐이다. 혼자 남은 숙소에 갑자기 한 아이가 나타난다. 실어중에 걸린 것 같은 아이는 아이리스 꽃을 그리며 존재를 알린다. 아이가 나타났기에 남자는 모험을 감행한다. 우주탐사선 중에 유일하게 살아남은 '에테르호'와 교신하기 위해 남자는 악천후를 헤치고 하젠 호수 기상관측소를 향한다. 우여곡절 끝에 도착한 그곳에서 탐사선에 탑승한 여자와 교신하게 된다. 여자는 자신의 어머니 이름을 말하고, 연이어 자신의 이름을 아이리스라고 밝히자 남자는 알고 있다며 간신히 속삭이듯 말하며 운다.

낯선 아이가 나타났을 때 에테르호는 마침 정상 궤도를 이탈한 상태였다. 신비하고 위험한 운행을 하고 있을 때, 박사한테 돌연 나타난 것이 소녀다. 소녀는 박사가 만들어낸 허상일까? 알 수 없는 차원에서 보낸 딸의 선물일까? 영화 〈인터스텔라〉에서 우리는 시공간이 휘어질 수 있다는 과학적 사실을 맛본 바 있다. 주인공 쿠퍼가 딸 머피한테 돌아오기 위해서 2주가 걸린 반면, 지구의 시간은 80년이었다. 우주는 3차원에 사는 우리가 가히 짐작할 수 없는 놀라운 비밀로 가득 차 있다. 물리학자 미치오 카쿠(加來道雄, Michio Kaku, 미국의 물리학자이자 미래학자)는 우주는 끈의 교향곡이며 신의 마음은 11차원 초공간에 울려 퍼지는 우주의 음악이라고 했다. 사실, 우리 안에 우주가 있다. 새로운 행성으로 향하는 우주선이 몸속의 몸, 에너지체를 뜻하는 '에테르'인 것도 상징적이다. 그리고 박사의 딸 '아이리스'라는 이름은 '좋은 소식'이라는 뜻을 지니고 있다.

현재를 생생하게 살아나가는 비결이 있다. 언제나 이어질 것 같은 현재가 아니라는 사실을 깨닫는 것이다. 좀 더 쉽게 말하자면, 생의 마지막이 있다는 사실을 알아차리는 것이다. 이 땅에서의 삶은 언젠가는 종지부를 찍게 된다는 사실을 깨닫는 것, '죽음'이 곁에 있다는 진실을 아는 것이다. 생각해보라. 오늘만 살 수 있다면, 매 순간이 너무나 귀해서 권태 따위는 생각할 겨를이 없을 것이다. 생애 마지막 순간, 나는 어디에서 무엇을 하고 있을까? 죽음을 생각하는 것이 끔찍한 일이라고 여겨진다면 오산이다. 마지막이 있기에 현재가 더없이 빛난다. 사실, 위대한 업적을 이룬 이들은 늘 그런 마음으로 하루하루를 살았다.

자주 상상해볼 일이다. 이 세상을 끝내게 되는 날, 어떤 마음으로 눈을 감을지. 모조리 놓고 갈 것에만 여전히 눈독을 들이고 있는 것은 아닌지. 느닷없는 스미싱으로 인해 딸을 그리워하는 심정의 한 자락을 잡고, 지금 현재를 들여다본다. 한 해의 마지막 날, 사랑을 담은 문자를 전할 이들이 있으니 감사하다. 먼저 하늘로 간 이들한테도 마음을 보낼 수 있어서 감사하다. 한 해의 마지막과 새로운 시작을 앞두고 있다. 새해의 하늘을 만나기 직전 지금은 내 안의 우주, 근원적 힘을 발동할 때다. 내가 나한테 수고와 격려의 악수를 하며 다독여주고 토닥여주자. 올 한 해 정말 수고 많았다고, 새해에는 분명 빛나는 축복이 깃들 것이라고.

웰다잉Well-Dying과 웰빙Well-Being

웰다잉은 인간으로서 존엄하게 생을 마감하는 것을 뜻하며 웰엔딩Well-Ending이라고도 한다. 좁게는 무의미한 연명의료의 중단과 호스피스·완화의료를 의미하며, 확장한 뜻으로는 일상에서 죽음에 대해 성찰하고 준비하면서 현재를 소중히 여기며 살아가는 과정 전반을 의미한다. 웰다잉은 자연스럽게 웰빙으로 연결된다. 웰빙은 육체적·정신적 건강의 조화를 통해 행복하고 아름다운 삶을 추구하는 삶의 유형이나 문화를 통틀어 일컫는 개념이다. 그래서 삶과 죽음은 한 꾸러미 안에서 존재한다.

씨앗이 되는 말

말의 힘

말은 씨가 된다. 그 씨는 막강하게 자라난다. 긍정이든 부정이든 그렇다. 말은 생각과 느낌을 함께 담은 에너지다. 그래서 말을 가려 하고 잘해야 한다. 현실은 어떤가. 국립국어원에서 2005년부터 5년마다 조사하는 〈국민의 언어 의식 조사〉에 의하면, 염치없다. 2020년 결과를 보면, 우리 국민 열 명 가운데 다섯 명은 욕설이나 비속어를 사용한다. 기분이 나쁠 때만 쓰는 것이 아니다. 습관적으로 사용하는 경우가 급속히 늘어나고 있다. 온라인 소통이 일상화되면서 욕설과 비속어가 쉽게 전파되었다. 국립국어원 측은 일상적으로 욕설과 비속어를 주로 접하면서 문제의식 없이 습관적으로 사용하는 이들이 증가하고 있다고 보았다.

2022년 6월 4일 일본 교토에서 '2022 제28회 재일본 한국 학생 한국어 말하기 대회'가 열렸다. 일본학교부와 한국학교부로 나누어 행사를 열었고, 모두 21명이 참가했다. 홋카이도에 살면서 일본학교에 다니는 김세나 학생은 '깡다구'라는 말을 알렸다. 어릴 때부터 어머니한테 깡다구가 있다는 말을 들었다고 했다. 그 말에 관심을 가지고 뜻을 알고부터 그 '깡다구'가 자신의 성격이 되었다고 했다. 말의 씨앗이 옳게 뿌려진 셈이다. 일본에서 한국어 말하기 대회가 열린다는 사실은 무척 뜻깊다. 일제강점기 때의 선조들은 지금이 천지가 개벽한 시대라고 할 것이다. 아예 우리 말을 할 수 없도록 핍박받은 시절이 있었다. 그렇게 자행한 일본에서 우리 말 대회를 개최하다니, 감개무량할 따름이다. 정작 우리나라 안에서는 어떠한가. 속사정을 알면, 선조들은 입을 벌릴 것이다. 할 말 안 할 말 해대고, 생각 없이 충동적으로 내뱉고, 상처 주고받는 말을 함부로 하는 경우는 또 얼마나 많은가. 중요한 것은 내가 한 말이 부메랑이 된다는 사실이다. 비속어를 할수록 내가 뱉은 비속어의 주인공이 되고 만다.

2021년 스마트학생복의 조사에 의하면, 현재 청소년들은 습관적으로 줄임말, 신조어를 73.1퍼센트나 사용한다. 주로 메신저나 SNS, 일상 속 대화, 게임 등에서 쓴다. 편해서, 친구들이 많이 사용해서, 재미있어서, 유행에 뒤처지고 싶지 않아서 그렇게 한다. 대부분 그런 줄임말과 신조어를 계속 사용해도 된다고 여겼다. 반면, 사용하지 않아야 한다고 한 학생은 백 명 중 다섯 명 정도였다. 비속어 또한 적절한 상황에서는 써도 괜찮다고 생각하거나 이미 습관이 되어버렸다고 하는 학생이 과반수였다.

우리 언어 습관에 비상등이 켜진 지 오래다. 언어 훼손과 언어파괴가 비일비재하다. 방송을 포함한 영상 콘텐츠들에서 그 정도는 심각한 수준이다. 글자를 이상하게 조작해서 자막을 더욱 자극적이고 웃기게 달려고 안간힘을 쓴다. 말의 손상은 정신의 손상을 반영한다. 삶의 뿌리 같은, 긍정에너지를 나한테 주는 한글 하나를 간직해보자. 그 말을 하루에도 수십 번씩 속으로 겉으로 자주 해보자. 분명 뿌린 대로 거둘 것이다.

말의 힘

통합 예술·문화 치유인 심상 시치료의 '말'에 대한 기법은 이러하다. 종이를 반으로 접어서 종이의 왼쪽에 하루에 자주 쓰는 말을 적는다. 겉으로 내뱉는 말 혹은 속말이어도 된다. 단, 솔직하게 적어야 한다. 종이의 오른쪽에는 스스로 해주는 에너지가 되는 말을 적는다. 이때, 물질이나 상황을 적으면 안 된다. 내면에서 힘이 되는 말, 비물질(마음과 정신)적인 말을 적는다. 왼쪽과 오른쪽을 펼쳐놓고 보면, 같다면 다행이지만 확연하게 다르다면, 언어습관을 성찰해볼 수 있다. 그리고 에너지가 되는 말을 하루에도 여러 번, 생각날 때마다 반복해서 말해주면 된다. 말의 힘을 제대로 느끼게 될 것이다.

호모 룩스

Homo Lux

내 안의 작은 우주

My little universe

이 시대의 어부왕

영 성

중세시대 유럽에서 전해오는 파르시팔(Parsifal, 중세 유럽의 아서왕 전설에서, 성배(聖杯)를 찾아 나선 기사를 말한다) 전설이 있다. 성배의 비밀을 간직하고 있던 어부왕이 별안간 온몸이 마비되었다. 희한하게도 고통은 왕만이 받은 것이 아니었다. 왕 주변을 이루는 궁전과 탑, 정원의 모든 것들이 폐허가 되어갔다. 동물은 번식하지 않고 나무는 열매 맺지 못했으며, 샘은 고갈되었다. 많은 의사들이 어부왕을 치료하려고 했으나 허사였다. 기사들은 그저 밤낮없이 찾아와서 왕의 용태를 물어보며 허울 좋게 예의를 차리곤 했다.

어느 날, 파르시팔이라는 가난하고 우스꽝스러워 보이는 한 기사가 찾아왔다. 그는 예법을 어기는 무식한 자로 보였다, 그는 곧장 왕에게로 나아가서 다짜고짜 질문했다.

"성배는 어디 있습니까?"

그 순간 모든 것이 변화했다. 왕은 병석을 떨치고 일어났고, 샘물은 다시 흐르기 시작하고 초목은 다시 살아나고 성은 예전의 위엄을 되찾았다. 파르시팔의 한마디가 자연 전체를 소생시켰다. 파르시팔의 질문은 어부왕을 비롯하여 온 우주의 핵심 원리를 담고 있다. 성배, 즉, 진실과 성스러움, 생명의 중심과 근원의 힘이 어디에 있느냐는 것이다. 파르시팔 이전에는 어느 누구도 이 핵심을 건드릴 엄두도 내지 않았다. 형이상학적인 상상력의 결여, 신에 대한 무관심, 보이는 것에만 치중하며 보이지 않는 세계에 대한 무지로 인해 세상은 병들고 멸망해 갔던 것이다.

논어의 이인편에는 공자가 한 "아침에 도를 들을 수 있다면 저녁에 죽어도 좋다"라는 말이 나온다. 주자는 "도라는 것은 사물의 당연한 이치다. 만일 그것을 들을 수 있다면, 살아서는 이치에 순하고 죽어도 여한이 없을 것이다"라고 하였다. 이 모든 말이 하나다.

어수선한 세상이다. 첨단 과학기술 시대에 등장한 바이러스는 아직도 기세등등하다. 언제 어디에서 죽음이 똬리를 틀고 있을지 도무지 알 수가 없는 노릇이다. 세태 속에서 버텨내는 것은 기실 두렵고 고단하다. 지금, 이 시대를 살아가는 누구나 가시밭길을 가고 있다. 살기에 급급하다고 해서 오래 살 수 있는 것도 아니다. 이럴수록 놓치지 않아야 하는 것이 있다. 바로, 진리를 향한 순수한 열정이다. 이는 영혼을 고양하는 것과 맥락이 같다. 모든 성배전설의 결론이 그러하듯 진리는 멀리 있지 않다. 다시 말해 신은 먼 곳에 외따로 존재하는 것이 아니다.

인간에게는 영성이 있다. 진정한 자기 초월을 향하는 역동성, 고귀하고 높고 선한 것을 추구하는 삶의 실제, 삶의 본질이 영성이다. 도나 성배는 인간이 영성을 추구할 때 비로소 주어지는 것이다. 지금은 더할 나위 없이 영성

이 필요한 시기이다. 온몸의 마비를 경험하는 어부왕이
생각보다 너무 많이 존재하기 때문이다.

영성

영성靈性은 사전적 의미로는 신령한 품성이나 성질이다. 신령神靈은 신기하고 영묘한 것을 말한다. 그 영성이 인간에게 있다는 것은 인간은 작은 우주이며, 신과 연결되어 있다는 것을 의미한다. 이 영성을 자주 느끼고, 상상하고, 깨닫고, 생각할 때 영성은 깨어나게 될 것이다. 영성을 아예 자각하지 못하는 것을 영맹靈盲이라고 하며, 영성에 눈을 뜨는 것을 영해靈解라고 할 수 있을 것이다. 영해자가 될 때, 삶의 매 순간이 신비롭고 빛나고 아름다울 것이다. 우주의 에너지가, 신이 함께한다는 사실을 실체로 경험하기 때문이다.

우리는 빛의 후예

호모 룩스

죽음. 이 금기의 말을 함부로 발설하는 것은 위험하다. 무섭고 두렵기 때문이다. 팬데믹 현상이 확연한 이때, 더욱 그러하다. 이 금단의 영역을 깨고 나온 영화가 있다. 〈내가 죽던 날〉, 2020년 11월에 개봉한 이 영화는 태풍 라파가 휘몰아치던 날, 자살한 여고생 세진의 이야기부터 시작한다.

세진은 중요 증인으로 법적 보호를 받고 있다. 부당하게 돈을 벌다가 마침내 자살한 아빠, 이혼하고 외국으로 간 뒤 소식을 두절한 친엄마, 마약사범으로 옥중에 있는 오빠, 친하게 지냈지만 아무런 보호를 해주지 못하는 새엄마. 유일하게 마음을 기댔지만, 갑자기 소식을 끊어버린 담당 경찰. 모든 것이 암담하기 이를 데 없다. 최종 보고서를 쓰기 위해 사건을 조사하던 경찰 현수는 자살로 귀결짓고 돌아서면 될 처지다. 현수는 이혼 조정 중이다. 변호사인 남편한테는 십 년째 만나오던 임신한 여자가 있다. 왜 몰랐을까. 왜 몰랐는지에 대해 계속 반문한다. 문득, CCTV에 녹화된 세진의 표정이 자신과 닮았다는 것을 본다. 그것은 속고 속이는 삶에 대한 환멸이다. 원한으로 화가 치밀어 오를 것 같지만 그렇지도 않다. 울분은 안에서 터져 자폭할 지경이다. 머리를 아무리 써도 답이 없다. 영화의 반전은 오로지 '순천댁'으로 인해서 일어난다. 순천댁은 과거, 농약으로 자살 기도를 해서 목소리를 잃었다. 어린 나이에 전신 마비가 된 조카를 건사하고 있다.

"아빠와 오빠가 나쁜 짓을 많이 해서 내가 벌 받았나 봐요. 아무것도 안 남았어요"라고 말하는 세진한테 서툰 글자로 이렇게 쓴다.

"니가 남었다." 그리고 세진의 탈출을 돕는다.

현수는 "아무도 없어. 내가 여러 명 만나봤거든. 그 애 그렇게 죽을 애가 아니다, 라고 말해줄 그 한 명이 없어"라며 허탈하게 말한다. 그러다가 보고서가 만료된 어느 날, 우연히 발견한다. 세진의 첫 유서 뒷장에 남긴 순천댁의 글자.

'밥두 묵고 약도 잘 묵으라.'

우리는 '카인의 후예'일지도 모른다. '어둠의 자식'이고 심지어 '나쁜 피'일지도 모른다. 파울루 코엘료의 소설 《베로니카 죽기로 결심하다》의 서문에는 성경의 누가복음 10장 19절 말씀이 적혀 있다.

"이제, 내가 너희에게 발로 뱀을 밟을 권능을 주었노니 그 무엇도 너희를 해할 수 없으리라."

그리하여 오로지 신의 은총에 의해 우리는 빛, 호모 룩스Homo Lux다. 태어난 것도, 죽는 것도, 그사이에 살아가는 지금 현재도 모두 빛이다. 그것을 알아차리는 것만큼 신의 권능이 나타난다.

영화 속, 세진은 가는 곳마다 야광별을 붙여 놓는다. 어둠이 깊어질수록 별은 더욱더 빛난다.

호모 룩스Homo Lux

호모 룩스Homo Lux는 '빛의 존재인 인간'이라는
뜻을 담은 인간에 대한 호칭이다. 인간이 외따
로 존재하는 것이 아니라 우주의 에너지 또는 신
과 연결되어 있다는 사실을 '빛'이라고 상상해보
면 쉽게 이해할 수 있다. 빛은 곧 '영성'의 또 다
른 이름이고, 인간이 '호모 룩스'임을 알아차리
는 것만으로도 '영해자'가 될 수 있다.

나이 드는 특권에 대하여

나와 화해하기

우리나라 65세 이상의 노인 인구수는 해마다 증가하고 있다. 2019년 국가통계포털KOSIS에 의하면, 우리나라 전체의 인구 중 14.8퍼센트가 노인 인구이다. 노인 인구는 2027년이 되면 50.9퍼센트로 전체 인구의 과반수를 넘기게 된다. 즉, 본격적인 초고령화 사회가 되는 것이다.

고령화 현상은 이제 미래 트렌드를 전망하는 것에 관심이 집중되고 있다. 20세기 중반 이후 글로벌 사회의 주요 전환점에서 활동한 이들은 고도 성장기를 기반으로 지식과 자산, 권력을 보유한 집단으로 성장했기 때문이다. '그레이네상스Greynaissance'라는 신조어의 탄생도 이러한 맥락에서 이뤄진 것이다. 백발이라는 뜻의 그레이grey에 르네상스renaissance를 합친 용어로 이미 미국을 중심으로 십여 년 전부터 시작된 말이다. 시니어 층은 각종 산업의 '주요 소비층'으로 인식되고 있을 뿐만 아니라 산업지도를 바꾸는 힘을 발휘하고 있다. 최근 모델로 활발하게 활약하고 있는 김칠두씨는 55년생이고, 박양자씨는 27년생이다. 지난 전국노래자랑에서 〈미쳤어〉라는 노래로 화제가 된 지병수씨는 77세이다. 광고계 러브콜이 이어지고 있을 정도로 인기가 급상승 중이다. '꿈을 가지고 해낸다'는 측면에서 보자면 노인들의 어깨가 펴지고 있는 셈이다.

모든 것이 순조로운 물결 위에 있는 듯하다. 너도나도 '꿈'을 향해 달려가고 있는 중이다. 매력적인 몸매, 자기 관리, 활기차고 예쁜 이미지를 위해서라면 노인들도 예외가 아닌 세상이 되었다. 문학계나 미술계도 예외가 아니다. 여차하면 자서전을 내고 시집을 내고 수필집을 내고 개인전을 여는 형국이다. 뭐라도 과시하지 않으면 기가 죽는다. 너무 바빠서 스스로를 돌아볼 겨를이 없다. 외로울 틈도 없다. 아니, 되도록 외롭지 않으려고 누군가를 늘 만나고 행사에 나가고 이벤트를 벌인다. 왕성하게 알리는 일만이 열정을 다하는 삶이라는 듯 끊임없이 뭔가를 해내려고 하고 자신의 활약을 선전한다. 자본과 소비의 관계에 있는 한 노인은 쉴 틈이 전혀 없다.

헤밍웨이의 소설 《노인과 바다》에서 우리는 거대한 물고기와 사투를 벌이다가 뼈만 남은 잔해를 끌고 돌아오는 늙은 어부를 만날 수 있다. 삶과 순리에 대한 근원적인 질문과 성찰을 자극하는 소설이다. 석가모니 붓다가 세상에서 활동할 당시 불법을 수행하던 장로들이 읊었다는 '장로게長老偈'에 나오는 게송은 다음과 같다. "기꺼이 죽으려 하지도 않고 살려고도 하지 않는다. 단지 정신을 차리고 의식을 가다듬어 곧 이 육신을 떠날 것이다. 죽음에 대한 생각을 즐기지도 않고 살고 있음에 기뻐하지도 않고, 나는 단지 자신의 할 일을 다 한 일꾼처럼 그 시간을 기다릴 뿐이다." 노인의 특권은 자기 자신의 내면을 들여다볼 기

회를 가진다는 데 있다. 타인의 시선에서 자유롭고 자기
자신과 화해하고 혼자서도 잘 놀 수 있다면, 우리는 노인
자살률 1위라는 불명예를 극복할 것이다.

나와 화해하기

분석심리학자 융에 의하면 스스로 외면하고 싶을 정도로 쓰레기 같은 나를 '그림자'라고 한다. 그 그림자를 좀처럼 인정하지 않으려고 타인한테 투사하고는 그 상대방을 싫어하고 미워하는 형태로 그림자를 왜곡시키기 마련이다. 그렇게 할수록 내면의 그림자는 흉측하게 큰 괴물이 되고 만다. 스스로 그림자가 있다는 것을 인식하고 끌어안는 것이 그림자를 줄이는 가장 좋은 방법이다. 그렇게 나와 화해하는 것이 자기실현을 위한 과정이다.

다만 내 것이 아니다

<여인숙>

정신건강의 빨간불이 켜졌다. 최근 보건복지부 조사에 의하면, 우리나라 전체의 자살시도자는 최근 일 년 사이 4.7퍼센트 증가했다. 특히 이십 대 여성 자살 시도자는 전년도 보다 33.5퍼센트나 증가했다. 십 대 여성 자살 시도자도 2016년보다 두 배 넘게 늘었다. 우울증, 공황장애 진단을 받은 이들도 최근 3년간 이십 대가 가장 많았다. 게다가 작년 상반기 이십 대 여성 자살률은 그 전해보다 43퍼센트 급증하였다. 이 모든 것은 전부 코로나19 탓인 걸까?

지금은 위기 상황인 것이 틀림없다. 살아갈수록 깨닫게 되는 것이 있다. 삶이 마음대로 되는 것이 아니다. 꽃길만 걸을 수는 없다. 언젠가는 꽃길을 걸을 것이라고 기대하는 것은 어떤가? 끝도 없이 이어지는 진흙탕 길을 꾹꾹 눌러 참고 있으면 될까? 섣부른 기대나 희망은 도움이 되지 않는다. 삶은 선택이다. 어떻게 바라보고 받아들이냐는 것이 삶을 판가름한다. 인간이라는 존재는 여인숙과 같다. 매일 아침 새로운 손님이 도착한다. 기쁨이나 즐거움이 올 수 있다. 때로는 절망과 슬픔, 낙담과 괴로움이 찾아들 수도 있다. 피하고 싶거나 원하지 않았던 상황이 닥쳐올 수도 있다. 이 모두를 환영하고 맞아들이는 것은 말이 되지 않는다. 원하는 것은 반색할 수 있지만, 부정적인 것들은 문전박대하고만 싶다. 그렇지만 그저 모든 것을 그대로 맞이해보라. 떼거리로 몰려와서 나를 몽땅 쓸어가 버리고 휘몰아쳐 와서 정신을 잃게 되더라도 그들을 있는 그대로 존중해보라. 괴로움과 아픔의 바닥까지 내려가 보라. 어두운 생각이나 후회, 수치까지도 웃으면서 맞이해보라. 그들을 안으로 초대해서 감사해보라. 이 모든 손님들은 멀리에서 보낸 안내자들이므로. 13세기 페르시아 시인인 잘랄루딘 루미(1207년 페르시아 문화권의 호라산의 발흐 출생. 1273년 사망. 수피계열의 메블라나 교단을 창시한 시인이자 이슬람 법학자, 철학자. 사랑과 자신과 신과의 합일을 주창하여 이를 가르치고 시로 지음)의 시 〈여인숙〉의 내용이다. 매몰차게 거절하고 싶은 감정들이 바로 나인 것은 아니다. 늘 머물렀으면 좋겠다고 여기는 상황이 나인 것도 아니다. 나는 여인숙의 주인이다. 객들은 와서 머물렀다가 가는 존재다. 거부하거나 부인하면 객은 자신들의 존재를 잊어버린다. 객이 주인 노릇을 하려 드는 식이다. 오래 머물게 되면서 나는 그것이 곧 나라는 착각까지 하게 된다. 감정이나 상황의 파노라마들을 있는 그대로 맞이해보자. 이 모든 것이 내 영혼의 성장을 위해 보낸 손님이라고 바라보자. 성숙해지기 위해서라면 반드시 고통의 과정을 겪게 되므로.

내 삶은 다만 내 것이 아니다. 내 삶의 주인도 다만 내가 아니다. 이 땅에 태어나게 하고 내면을 성장시키는 것은 오로지 내가 하는 것도 아니다. 나는 다만 여인숙의 주인일 뿐. 원래의 집은 이 땅에 있지 않다. 원하지 않는 손님을 환영하고 부정에도 감사할 수 있다면 '극복'이라는 신비 속으로 걸어갈 수 있을 것이다. 그때마다 우리는 신의 영광을 보게 될 것이다.

〈여인숙〉

인간이라는 존재는 여인숙과 같다. / 매일 아침 새
로운 손님이 도착한다. // 기쁨, 절망, 슬픔 / 그리
고 약간의 순간적인 깨달음 등이 / 기대하지 않았
던 방문객처럼 찾아온다. // 그 모두를 환영하고
맞아들여라. / 설령 그들이 슬픔의 군중이어서 /
그대의 집을 난폭하게 쓸어가 버리고 / 가구들을
몽땅 내가더라도. // 그렇다 해도 각각의 손님을 존
중하라. / 그들은 어떤 새로운 기쁨을 주기 위해 /
그대를 청소하는 것인지도 모르니까. // 어두운 생
각, 부끄러움, 후회 / 그들을 문에서 웃으며 맞으
라. / 그리고 그들은 안으로 초대하라. // 누가 들
어오든 감사하게 여겨라. / 왜냐하면 모든 손님은
저 멀리에서 보낸 / 안내자들이니까.

당신의 삶은 스마트 하신가?

헤테로토피아

스마트폰을 끼고 살고 있는 당신, 당신의 삶은 스마트하신가? 스마트폰은 '기다림'을 소거시킨다. 언제 어디서나 닿을 수 있는 연락 덕분에 그리움 따위야 증발한 지 오래다. 검색을 하면 얼마나 많은 정보들이 튀어나오는가. 인터넷은 결코 감추는 미덕 따위는 없다. 우리는 엇비슷하고도 숱하게 쏟아지는 정보의 홍수 속에 빠져 허우적대는 꼴로 살고 있다. 스마트 폰은 자제력을 상실하게 한다. 기기가 빠른 반응을 하지 않는 것을 못 견딘다. 게다가 화면을 빠르게 훑고 지나가는 눈과 액정화면이나 문자를 누르는 손가락이 우리의 감각을 주도하고 있다. 스마트폰 같은 첨단기기는 현대인들의 상호작용 방식을 변화시킨다. 미국 일리노이주립대학 가족 소비자학과 브랜든 맥대니얼 교수 연구팀은 심리학회지《아동 발달Child Development》

에 실린 논문에서 "습관적으로 스마트폰 확인을 자주 하고 스마트폰이 없으면 불안해하는 등 부모가 첨단기기에 집착하는 경우 어린 자녀의 문제행동을 유발할 수 있다"라고 하면서 "우리는 현재 첨단 테크놀로지 시대를 살고 있으며, 첨단기기는 우리의 관심을 흡수하도록 고안됐다"라고 밝힌 바 있다. 우리는 첨단 기계 속에서 분리되고 개별적인 자아로 지낸다. 대인관계를 차단하게 되는 고립의 시대에 단절된 개체를 이루고 살아가고 있다. 이상한 일은, 시간은 아끼면 아낄수록 부족하게 된다는 것이다. 빠르게 서둘면 부지런하고 여유가 있어지는 것이 아니라, 촉박하고 다급하게 된다. 지금 우리에게는 헤테로토피아 Heterotopia가 필요하다. '헤테로토피아'는 유토피아(Utopia, 인간이 생각할 수 있는 최선의 상태를 갖춘 완전한 사회, 이상향을 뜻한다)의 파생어로 문자 그대로는 '다른 장소'라는 뜻이지만 '현실에 존재하는 다른 장소의 유토피아Utopia'를 의미한다. 그러므로 절대 닿을 수 없고, 상상으로만 존재하는 낙원과는 다른 세계다. 프랑스 철학자 미셸 푸코Michel Foucault에 의하면 사회 안에 존재하면서 유토피아적 기능을 수행하는 실제로 현실화된 유토피아적인 장소를 일컫는다. 호르헤 루이스 보르헤스(Jorge Francisco Isidoro Luis Borges, 아르헨티나의 소설가)식으로 말하자면 '알레프aleph'(히브리 문자에서 알레프는 첫 번째 글자이다. '알레프 수'라고 할 때 무한 집합의 크기를 의미한다. 또한, 호르헤 루이스 보르헤스와 파울로 코엘료의 소설 제목이자 모티브이기도 하다)가 있는 곳이다. 즉, 모든 각도에서 본 지구의 모든 지점들이 뒤섞이지 않고 있는 곳, 순수한 에너지가 충만한 곳이다. 파울로 코엘료Paulo Coelho식으로 말하자면, 그것은 사랑이며, 시간을 초월해서 존재한다. 즉, 사랑은 하나의 지점인 알레프 안에 존재하는 끊임없이 변모하는 시간과 공간이다.

아무한테도 그 누구한테도 위로와 이해를 받지 못하는 순간에 헤테로토피아에 갈 수 있다면, 살아갈 에너지가 더할 나위 없이 충족될 것이다. 그곳은 햇살이 빛다발을 함부로 던져대는 바다, 무수한 꼭짓점을 내려놓으며 흐르는 물살, 살아보지 못한 곳에서 살지 못했던 나이의 나와 만나는 장소이다. 그곳에서는 어차피 스마트폰을 꺼야 한다. 이제 우리의 관심은 자기 자신의 내면으로 향해야 한다. 그렇게 할 때 헤테로토피아는 바로 내 안에 있음을 우리는 마침내 기억해낼 것이다.

헤테로토피아Heterotopia

미셸 푸코가 '헤테로토피아'라는 개념을 처음으로
사용한 것은 1966년 4월에 출간한 《말과 사물》에
서였다. 완벽하지만 실제로는 존재하지 않는 세계
가 유토피아라면, 헤테로토피아는 직접 체험하는 현
실화된 장소이지만, 모든 장소의 바깥에 있는 장소
라는 점에서 모호하고 추상적이다. 현실에서 경험
했기에 빛나는 추억 속에 자리한 그리운 장소라고
볼 때, 헤테로토피아는 순수한 에너지가 충만한
'알레프'적인 공간이라고 할 수 있을 것이다.

답은 나 자신 안에

실버버치의 말

두더지 게임 격이다. 어느 지역이 잠잠한가 하면, 다른 지역이 들고 일어난다. 지금은 경기도 포천이다. 더워지면 잠잠할 것이라는 예상은 빗나간 지 오래다. 근원적인 불안이 팽배하다 못해 만연하다. 도대체 어떻게 살아야 할까.

물질이 답이 아니라는 것쯤은 나와야 한다. 대개 목표 달성을 위해 세세한 계획을 세우고 행해왔던 것들이 무산되거나 유보되었다. 올해 상반기처럼 하반기도 그럴 수 있다. 함부로 장담할 수 없다. 건강도 수명도 안전도 그러하다. 마치 사방이 막힌 큐브 안에 갇힌 꼴이다. 누가 탈출할 수 있을 것인가.

지금이야말로 인간이 가진 천부적인 역량을 발휘해야

할 때다. 인간은 영혼을 가진 존재다. 영혼은 육체 안에 머물러 있거나 벗어나거나 간에 존재한다. 점점 퇴화하다가 마침내 사라질 육체만 탐닉하거나 열중하기를 부추기는 문명은 이제 바닥이 드러난 셈이다. 젊고 강한 육체를 소유했다고 코로나19가 비켜 가지 않는다. 그동안 보이는 것, 눈에 보이는 성장 위주로 살았다면, 전면적인 터닝포인트가 되어야 한다.

한 인디언 영혼이 있다. 모리스 바바넬(Maurice Barbanell, 미국의 정신학 분야의 저술가)이라는 사람의 입을 통해 '실버버치'라는 닉네임으로만 자신을 소개하면서 60여 년간 보이지 않지만, 분명히 실제 하는 영적인 세계를 알려주었다. 《영계로부터의 메시지》라는 이름으로 1991년 박금조가 편저한 책이 정신세계사에서 《실버버치의 가르침》이라는 제목으로 새롭게 발간됐다. 박금조의 책은 이렇게 시작하고 있다.

"지상의 인간이 본래의 모습대로 살아가려면 신의 섭리, 영적 진리를 이해하는 길밖에 없다."

내친김에 김성진이 번역한 책에서 실버버치의 말을 한 가지만 더 들여다보자. 감리교 목사였던 사람이 물었다.

"예수께서 '너희를 위하여 보물을 하늘에 쌓아두라'고 하신 말씀이 곧 삶을 지배하는 영적인 법칙에 대한 지식을 언급하신 거로군요."

실버버치가 답했다.

"그렇습니다. 그 보물은 영의 보물입니다. 행동으로 표현된 영혼의 특성이죠. 여러분 자신의 영적인 존재를 강화하고 표현하고 키워야 합니다. 여러분의 영적인 성장이 하늘나라의 영원한 보물이니까요."

그리고 실버버치는 말했다.

"헌신은 풍요로운 것이며 고양된 모든 영혼은 자신을 발견하고 신을 발견한 영혼입니다."

그렇다. 어떻게 살아야 하는가에 대한 답은 나 자신 안에 있다.

실버버치의 말

실버버치는 "영의 힘은 곧 생명력"이라고 했다. 생
명이 존재하는 이유를 실버버치는 "영이 존재하기
때문인데, 영이 생명이고 생명이 영"이라고 했다.
우주가 아무리 크고 어마어마하고 장엄하다고 해
도, 그것을 만든 힘은 '인간을 존재하게 해준 힘'과
똑같은 것이라고 말했다. 실버버치는 "우리가 사랑
하고, 생각하고, 돌보고, 판단하고, 반성하고, 결
정하고, 평가하고, 숙고하고, 영감을 받고, 인간적
인 감정의 높고 깊은 모든 범위에 이르도록 해주는
힘"을 바로 영의 힘이라고 했다.

작별하는 용기

사랑과 용서

상상해본다. 다 주고도 더 주려는 이들이 있다. 받기보다 주려고만 하는 이들이 있다. 누군가 따지고 들면 무턱대고 화내기보다 그런 이유가 어디에 있는지 자신을 돌아보는 이들이 있다. 그렇다고 자신에게 함부로 화살을 쏘아대지 않는다. 자중자애하기 때문이다. 자신을 귀히 여기는 것만큼 타인과 세상을 존중한다. 누군가 비난하거나 조롱을 해오면 오히려 그들을 위해 용서를 빈다. 난폭하게 공격하는 이들의 감긴 내면의 눈에 대해 가슴 아파한다. 그런 이들이 모인 곳을 무엇이라고 하는지 아시겠는지? 그곳은 천국이다.

아무런 조건 없이 생면부지의 사람한테 자신의 신장을 떼어준 이가 있다. 상상이 아니다. 박옥남, 박옥순 씨

이야기다. 순수 신장을 기증한 언니 박옥남 씨가 건강하게 잘 지내고 있는 모습을 보고 동생 박옥순 씨도 신장을 기증했다. 그녀의 나이 47세 때였다. 자매가 같이 순수 신장 기증인이 된 사례는 국내에서 처음이었다. 2022년 1월, 박옥순 씨는 70세의 나이로 세상을 떠났다. 위암 3기 진단을 받고 폐까지 전이된 상태에서 그녀는 더 이상의 치료를 거부했다. 집에서 임종을 맞이하겠다고 한 다음, 시신 기증의 뜻도 밝혔다. 생전의 소망대로 그녀의 시신은 의과대학에 기증되었다. 신장을 떼어낸 자리에 다시 신장이 자란다면 몇 번이라도 더 나눠주고 싶어 했다고 한다. 그녀는 천사다. 천사가 사는 곳이니 이 세상은 천국임이 분명하다. 그렇지 않다고 고개를 내젓고 싶은 충동을 잠시 유보해보자. 그렇다고 여기가 지옥은 아니지 않은가. 이 모든 판가름은 사실 마음속에 있다. 웰빙과 웰다잉을 실천하며, 이타적인 삶을 살았던 박옥순 씨는 생전에도 천국이고 사후에도 그러하다. 얼마 전 타계

한 턱낮한 스님은 이런 말씀을 남겼다. "가르친다는 것은 말로만 되는 게 아닙니다. 그 사람이 어떻게 사느냐, 그것이 가르침입니다. 내 삶이 내 가르침이오, 내 삶이 내 메시지입니다." 그녀의 삶 자체가 이제 사회 전체의 메시지와 가르침이 되었다.

다시 상상해본다. 오직 사랑만이 가득한 곳, 환한 빛 가운데 박옥순 씨가 있다. 그저 베풀고 다만 감사할 뿐, 흐르는 물처럼 살았던 그녀가 활짝 웃고 있다. 그녀의 머리에 얹힌 향기로운 화환과 하얀 옷 위로 빛줄기가 쏟아진다. 가치관에 따라 사람을 판단하고 평가하며, 기준에 차지 않으면 내치며 가차 없이 비난하는 현실. 조금이라도 손해 볼 것 같으면 난리 법석을 떨며 기를 쓰면서 챙기는 이득. 엄중한 조건적 잣대가 아니면 하지 않는 사랑과 용서. 그러니 절대로 용서할 수 없는 대상이 늘어나는 삶. 그게 바로 지옥이다. 반면, 아무런 조건 없는 용서와 사랑, 어린아이와 같은 순수함이 천국이다. 이제, 어떻게 살 것인지 자신에게 물어보자. 지금 내 마음속은 어디가 가까운가. 원하건대 빛을 향하길! 더없이 스스로한테 진솔하길! 죽으면 놓아두고만 가는 보이는 것들과 점점 작별하는 용기를 내길 감히 빈다.

사랑과 용서

사랑과 용서를 실행한 대표적 인물은 손양원 목사
다. 그는 1902년 경남 함안 칠원읍에서 태어났고
1950년 북한군한테 잡혀 총살당했다. 1948년 여순
사건 때 반란군에 의해 두 아들이 살해당했다. 그
는 장례예배 때 다음과 같이 감사기도를 드렸다.

"제가 이 시간에 무슨 답사를 하고 무슨 인사를 하
겠습니까마는 그래도 하나님 앞에 감사하는 마음
이 있어서 몇 말씀 드립니다. 첫째, 나 같은 죄인의
혈통에서 순교의 자식들이 나오게 하셨으니 하나
님 감사합니다. 둘째, 허다한 많은 성도들 중에 어
찌 이런 보배들을 주께서 하필 내게 맡겨주셨는지

그 점 또한 주님 감사합니다. 셋째, 3남 3녀 중에서도 가장 아름다운 두 아들 장자와 차자를 바치게 된 나의 축복을 하나님 감사합니다. 넷째, 한 아들의 순교도 귀하다 하거늘 하물며 두 아들의 순교이리요, 하나님, 감사합니다. 다섯째, 예수 믿다가 누워 죽는 것도 큰 복이라 하거늘 하물며 전도하다 총살 순교 당함이리요, 하나님 감사합니다. 여섯째, 미국 유학 가려고 준비하던 내 아들, 미국보다 더 좋은 천국에 갔으니 내 마음이 안심되어, 하나님 감사합니다. 일곱째, 나의 사랑하는 두 아들을 총살한 원수를 회개시켜 내 아들 삼고자 하는 사랑의 마음을 주신 하나님 감사합니다. 여덟째, 내 두 아들의 순교로 말미암아 무수한 천국의 아들들이 생길 것이 믿어지니 우리 하나님 감사합니다. 아홉째, 이 같은 역경 중에서도 이상 여덟 가지 진리와 하나님 사랑을 찾는 기쁜 마음, 여유 있는 믿

음 주신 우리 주 예수 그리스도께 감사합니다. 열

번째, 이렇듯 과분한 축복 누리게 되는 것을 감사

합니다."

손양원 목사는 아들들을 살해한 안재선을 용서할

뿐만 아니라 양자로 삼고 사랑을 베풀었다.

마음의 안부를 묻는다

내맡김과 자유

마음이 어떠하신지? 마음의 안부를 묻고 싶다. 하루에도 오만 번씩 바람에 휘날리는 깃발처럼 펄럭이는 마음. 깃대가 튼튼하면 흔들려도 끄떡없다. 문제는 뽑혀서 함부로 내동댕이쳐지는 것이다. 더 큰 문제는 뽑힐 것 같은 위기가 까닭 없이 드는 것이다. 그 두려움에 부대낄 때 갈피를 잡지 못하고 만다.

'내 마음속에는 / 닫힌 문짝을 열고자 하는 손과 / 열린 문짝을 닫고자 하는 손이 / 함께 살았다 // 닫히면서 열리고 / 열리면서 닫히는 문살을 / 힘껏 잡고 있으려니 // 눈물겨워라 눈물겨워라' 안수환의 시 '문'의 전문이다. 얼마나 억지를 부리고 있는가. 한순간이라도 편할 때가 없다. 닫히려면 열려고 하고, 열리면 닫으려고 하니 어떠한 순간이라도 믿지 못한다. 가만히 있는 꼴을 보지 못한다. 힘을 줘야만 직성이 풀린다. 용을 써야지만 제대로 하는 듯 보인다. 저절로, 자연스럽게 일어나는 꼴을 못본다. 닫히면 닫히는 대로 열리면 열리는 대로 두고 보는 법을 배운 적이 없다. 저돌적으로 돌진하고 밀치고 앞장서야 한다고만 여겨왔다. 끊임없이 나부대야지만 제대로 사는 것만 같다. 그러다 보니 잠시도 쉴 수가 없다. 그렇게 억지를 써왔지만, 결과는 오리무중이다. 되는 일도 있지만, 안 되는 일이 더 많다. 이룬 것 같지만, 어느 순간에는 뒤통수를 친다. 살아갈수록 한계가 극명해진다. 더군다나 나이와 건강이 발목을 잡는다. 기껏 쌓아 올린 자존감은 여지없이 허물어진다.

'문'이라는 제목의 또 다른 잘랄루딘 루미의 시를 보자. '광기의 입술에 매달려 살아왔다 / 까닭을 알고 싶어서 문을 두드렸다. 문이 열리자 / 나는 안에서 두드리고 있었다.' 모든 것이 마음에서 불거진다. 열리는 문을 닫으려 한 것도 닫힌 문을 열려고 했던 광기도 죄다 마음의 발로였다. 실은 마음의 문을 애초에 내가 닫았기 때문이다. 그걸 알아차리고 두드리자 문이 열렸다. 그것도 내가 손잡이를 돌릴 때라야 비로소 열린 것이다.

임파선 말기암으로 혼수상태에서 임사체험을 한 아니타 무르자니Anita Moorjani는 닷새 만에 병세가 호전되어 입원 5주가 되어서는 완쾌하여 퇴원했다. 기적의 체험을 한 그녀는 이렇게 말했다. "모든 사람이, 자기의 모든 부분이 장엄합니다. 당신의 모든 면이 완벽합니다. 당신이 배워야 할 것은 단 하나. 이미 당신이, 애써 찾는 '바로 그것'이라는 사실입니다. 당신만의 독특함을 두려움 없이 표현하기만 하면 됩니다." 우리는 최상의 기능을 하거나 대우를 받을 때 완벽하다고 생각한다. 사실은 그저 존재하고 있는 것만으로도 장엄하고 완벽하다. 갖가지 이유로

능력을 상실하고 역할을 못 할 때조차 그러하다. 그 모든 것은 알지 못하는 섭리로 인해 주어진 또 다른 기회다.

그러니 마음의 안부를 묻는다. 그저 살아있다는 것만으로도 충분하다. 찬란한 축복이다. 뽑힐지 모르는 깃대 걱정은 그저 날려버리길. 마음의 문손잡이를 돌리면 하늘의 기운이 쏟아져 들어온다. 펄럭이는 만큼 풍성한 사연들이 깃발을 아름답게 수놓고 있다.

내맡김과 자유

내맡김은 자유를 만끽하는 것을 의미한다. 그럴
때 마음은 활개를 펼 수 있다. 독일 작가 에크하르
트 톨레Eckhart Tolle는 이런 말을 했다. "'지금 여기'
를 변화시킬 수 있는 일이 정말 아무것도 없다면,
모든 내부 저항을 떨쳐 버리고 '지금 여기'를 받아
들이십시오. 그러면 불행과 원망과 자기연민에 대
한 거짓 자아는 더 이상 살아갈 수 없습니다. 이것
을 '내맡김'이라고 합니다. '내맡김'에는 위대한 힘이
있습니다. 내맡김을 할 수 있는 사람만이 영적인
힘을 가질 수 있고, 그 상황에서 내면적으로 자유
로워집니다. 그리고 나면 상황이 변화될 것입니다.
결국 우리는 자유로워질 것입니다."

호모 룩스

Homo Lux

죽음도 두렵지 않아

Not afraid of death

나는 죽음이 두렵지 않다

임사 체험

'죽음'은 사실 금기어다. 함부로 말할 화제가 아니다. 죽음을 두려워하는 이유는 죽음 이후를 모른다는 데 있다. 그렇지만 죽었다가 다시 돌아오는 이들이 있다. 이른바 임사 체험자다. 이들에 따르면 죽음은 두려움의 대상이 아니다.

임사 체험에 대한 연구는 심리학자 레이먼드 무디(Raymond A. Moody, JR. 미국의 철학자. 정신과 의사. 임사체험(Near-death experience)라는 용어를 처음 사용했다)가 1970년대부터 시작하였다. 이들의 공통적인 체험은 다음 13가지로 요약할 수 있다. 사망 선고를 자신의 귀로 직접 듣는다고 한다. 그런 다음 평온함, 희열을 느끼고 이상한 소리를 듣게 되면서 검은 동굴로 빨려 들어간다. 물리적 육체를 벗어나고 언어를 상실하고 시간이 소실되며 감각이 극도로 생생해지면서 고독을 경험하고 이미 죽은 다른 이와 조우하고 인생을 회고한다. 다음, 어떤 경계에 부딪혀서 다시 소생하게 된다. 물리학자이자 의사인 제프리 롱(Jeffrey Long, 아이오와 대학교 방사선 종양학 전공 의사)은 임사 체험의 최고 전문가이다. 그의 연구에 의하면 보편적으로 임사 체험자는 다음과 같은 변화를 겪는다고 한다. 죽음에 대한 공포가 줄어들고, 사후세계에 대한 믿음이 강화되고 신의 존재를 더 굳게 믿으며 사랑하는 사람들과의 관계를 더 중요하게 여기며 관계를 강화시켜 나간다는 것이다. 임사체험은 특별한 여행이다. 여행은 돌아온다는 것을 전제로 한다. 제프리 롱에 따르면, 생명의 위협을 겪은 이들의 12~18퍼센트만이 임사 체험을 한다. 죽음에 대한 두려움을 이겨내고, 현재를 반짝거리며 사는 비결은 바로 임사 체험일 것이다. 확률적으로 적은 이 독특한 여행을 마냥 기다릴 수 없다. 사실, 죽음에 대한 초연한 태도는 바람직한 사생관으로 인해서 형성된다. 사생관은 죽음을 바라보는 삶의 태도를 말한다. 올바른 사생관 정립을 위한 교육이 절실하지만, 이제껏 사생관 향상을 목적에 둔 프로그램이 없었다.

그런 이유로 연구를 진행하였다. 통합 예술·문화치유인 심상 시치료를 활용한 '아생 프로그램'을 마련해서 총 12회기에 걸쳐 간호대생한테 적용하였다. 죽음에 대한 간접 체험을 적기도 하고 자신의 첫 기억과 함께 임종 순간을 상상해서 쓰기도 했다. 인생에 대한 정의를 내리고 내 삶에서 가치 있는 것이 무엇인지 적기도 했다. 죽음에 대한 정의를 내리기도 하고 사후생을 다룬 동영상을 보고 느낀 점을 기술하기도 했다. 자살 시도자를 목격했을 때 어떻게 할 것인지 적기도 하고 자신의 유언장을 쓰기도 했다. 한 달 시한부 삶을 살게 된다면, 내가 원하는 일이 무엇인지 생각하고 그중 한 가지를 직접 행하게도 했다. 웰다잉을 위한 나만의 다섯 가지 방침을 적기도 하고 삶과 죽음에 대한 생각과 관련해서 삶의 목적과 태어난 이유를 적기도 했다.

프로그램의 전과 후를 비교해보니 사생관의 척도는 몰라보게 향상되었다. 11회기 째, 한 학생은 죽음이라는 것은 무조건 회피할 것이 아니라 잘 마무리할 수 있도록 배우고 알아가야 한다는 것을 느꼈다고 했다. 어떤 학생은 죽음은 아름다운 것이며 죽음에 대한 부정적 생각이 긍정적, 수용적으로 바뀌었다고 했다. 이 연구를 《인문사회 21》학술지에 발표했다. 제목은 다음과 같다. '심상 시치료를 이용한 호스피스 교육 프로그램이 간호대생의 사생관에 미치는 영향'. 해서 미안하지만, 당당히 답할 수 있다. 나는 죽음이 두렵지 않다.

임사 체험

임사 체험NDE; near-death experience은 죽음의 문턱에 다녀온 경험을 말한다. 지금까지의 조사에 의하면 심장정지 상태에서 소생한 사람의 4~18퍼센트가 임사 체험을 했다고 진술하며, 그 수는 점점 증가하는 추세다. 유체이탈, 빛 체험, 인생 회고 등등의 임사 체험을 통해 삶의 태도가 긍정으로 바뀌거나 극적으로 건강을 회복하는 사례가 많이 알려져 있다.

살아 있는 마음의 시간

마음

두려움이 엄습하고 있다. 인간이 가질 수 있는 최대의 두려움은 '죽음'이다. 코로나19 사태로 인해 여러 변화들이 일어났다. 예기치 못한 상황들은 앞으로도 일어날 것이다. 그 와중에 코로나19는 인간에게 공통된 사유를 던져주었다. 바로 언제 죽을지 모른다는 자명한 사실이다.

죽음은 누구나 피하고 싶은 주제이다. 우리나라의 관습으로는 '죽음'을 입 밖에 꺼내는 것을 꺼린다. 특히 노인한테는 더욱 그렇다. 그렇지만 올해 들어서 한 번쯤 '죽음'을 떠올려보지 않은 사람은 없을 것이다. 누가 언제 코로나19에 걸릴지 모를 일이다. 어디가 안전한지도 알 수가 없다. 발병 후 살아나고 죽는 것조차 기약이 없다. 게다가 언제 완전히 종식될지, 이런 사태가 언제까지 반복될 것인지도 모른다. 한 치 앞을 모르는 인간의 한계가 여실하다. 죽음이 도처에 있다. 생각해보면 우리는 매 순간 죽고 산다. 되돌릴 수 없는 시간 속에서 살고 있다. 물리적 흐름을 내려놓고 보자면, 답은 달라진다. 우리는 죽지 않는다. 살아왔던 순간들은 그대로 살아있다. 지나쳐온 과거 모두를 기억할 수는 없지만, 인상적인 순간들은 생생하다. 감정과 생각을 떠올려보면 방금 겪은 것같이 고스란히 드러난다. 마음 안에 고이 간직한 시간은 흘러가지 않는다. 바로 이 점에서 긍정과 부정이 나뉜다. 간직한 기억 속에서 긍정으로 인식하게 되면, 긍정적 에너지가 삶을 그렇게 이끈다. 부정의 인식은 또한 부정적 삶으로 끌어당긴다. 이미 벌어진 상황을 변하게 할 수는 없지만, 어떻게 인식하느냐에 따라 현재의 삶이 변화한다. 바로 이 지점에서 심리 정신치료가 개입한다. 상처 난 기억을 일부러 비틀어 억지 긍정을 부려보는 것이 아니다. 과거의 상황을 있는 그대로 바라보고, 그 상황이 나에게 주는 전언에 마음을 기울여보는 것이다. 견뎌오고 살아낸 현재의 시점에서 과거를 보면 인식은 한가지로 귀결된다. 바로 '용서'와 '사랑' 이다.

정신분석학자 프랑수아즈 돌토(Francoise Dolto, 프랑스의 소아과 의사, 정신분석가)는 자식이 부모를 선택한다고 말했다. '생의 마지막 순간, 마주하게 되는 것들'의 저자 기 코르노(Guy Corneau, 1976년 몬트리올 대학교 교육과학과 석사. 북미와 유럽 전역에서 치유 심리학자로 널리 알려져 있다)는 여기서 '선택한다'는 말을 영혼이 자신의 기호가 발휘될 수 있는 장소에 끌리게 된다는 의미로 해석한 바 있다.

혹시라도 임종을 앞둔 가족이 있다면 반드시 해야 할 말이 있다. '용서'를 청하는 것이다. 받아야 한다고 생각할 수도 있겠지만, 그렇지 않다. 손을 내밀 때, 기적처럼 평온이 찾아온다. "미안합니다. 용서해주세요. 사랑합니다." 생전에 이 말을 미처 하지 못했다면, 지금이라도 늦지 않다. 여전히 살아있는 마음의 시간 속에서 청하면 된다. 그것이 결국 내 삶을 긍정으로 이끌 것이다.

마음

인간의 육체는 3차원적이지만, 마음은 4차원 이상
이다. 마음이 가지 못하는 곳이란 없다. 과거나 미
래로 가기도 하지만, 이 땅을 벗어난 다른 차원으
로도 갈 수 있다. 그것도 순식간에 그럴 수 있다.
마음의 힘을 활용한다면, 이미 작고한 분도 충분히
만날 수 있다. 생전 못했던 말을 할 수도 있지만,
그분과 마음을 합해서 답을 들을 수도 있다. 이러
한 놀라운 마음의 작용을 활용하는 심리치료 기법
이 심상 시치료이다.

먼지에 불과하다는 걸

내맡김과 감사

스트레스가 이만저만이 아니다. 더운 날에 마스크라니! 이 이율배반이 코로나19에서는 당연지사가 되고 말았다. 폭염이 심한 요즘, 컨디션이 좋을 리 없지만, 그렇더라도 살펴보자. 내 안에 스트레스가 얼마만큼 차 있을까?

　소아 알레르기 학자 도리스 랩Doris Rapp은 '통 효과'라는 말을 사용했다. 인생에서 받는 모든 스트레스는 하나의 거대한 통이다. 이 통이 가득 채워지지 않는다면 신체는 새로운 스트레스를 감당할 수 있다. 일이 뜻대로 되지 않거나 긴장 상태에 놓이거나 독소에 노출이 되거나 해도 괜찮을 수 있다. 내부의 통이 가득 차면, 아주 작은 것 하나만 더해져도 헤어나올 수 없을 지경이 되고 만다. 깃털 하나만 보태도 낙타의 등뼈가 부러질 수 있는 것이다.

문제는 내면의 통을 우리가 잘 들여다보지 않는 데 있다. 일상에 쫓다 보면 나를 돌아볼 겨를이 없다. 해야 할 일들이 산적해 있을 때도 그렇다. 게다가 '괜찮다'고 되뇌면서 자신을 속이기도 한다. 울지 말고 웃어라. 울면 바보라고 하는 만화 주제가 '캔디'의 가사처럼 살아야 긍정이라고 믿고 있다. 그러는 동안 보이지 않는 내 안의 통은 서서히 채워지고, 급기야 과부하 상태에 놓이게 된다. 그야말로 가벼운 하나만 올렸을 뿐인데, 터져버리고 만다. 사실, 억압이야말로 스트레스의 진원지이다. 억압하게 되면 '화'가 반드시 일어나기 때문이다. 게다가 억압은 사라지지 않고 반드시 돌아온다. 그러면 어떻게 해야 할까? 손쉽게 할 수 있는 스트레스 테스트가 있다. 너무나 쉬워서 믿지 못할 정도다. 단 십 초 만에 할 수 있으니, 고개를 갸우뚱할 수도 있겠다. 원래 생명을 지탱할 수 있는 가장 소중한 것은 가까이에 공짜로 존재하고 있지 않은가. 지금 당장, '감사'라는 말을 해보자. 감사는 무슨? 얼어 죽을! 이라고 욕이 나온다면, 현재 스트레스가 많은 편이다. 감사하게 되었어? 지금? 말도 안 돼! 이런 말이 나와도 스트레스 통이 찰랑거릴 정도다. 반면, '감사'를 말할 때 가슴이 몽글거리고 작은 미소가 지어진다면, 스트레스를 잘 관리하고 있다는 증거다. 자, 그렇다면 이 통을 어떻게 비울 수 있을까? 자주, 규칙적으로, 매일 꾸준히 비워줄 필요가 있다. 그렇게 하지 않으면, 어느 순간 뜻하지 않게 육체나 정신 건강의 이상이 오게 된다.

이마저 초간단 비법을 말씀드리겠다. 무조건 '감사'해보는 것이다. 특히 부정에도 감사해보자. 아니, 부정에 더욱 감사해보자. 좌절, 낙담, 절망 당하는 일이 있을 때조차 감사하자. 욕이 나오는 때조차 감사하자. 더운 여름에 마스크처럼 말이 되지 않을지 모르지만, 이것이야말로 간단하고 확실하다. 감사가 일상이 되면 스트레스는 먼지에 불과하다는 것을 알아차리게 될 것이다. 그리고 모든 것이 섭리 하에 잘 되고 있다는 사실, 내맡김으로 오는 놀라운 평강의 체험을 하게 될 것이다.

내맡김과 감사

내맡김은 포기가 아니다. 아주 맡겨 버리며 되는대
로 내버려 두는 것을 말한다. 내맡김을 하기 위해
서는 맡길 대상이 있어야 하는데, 인간은 한계가
있는 존재이니 적당하지 않다. 인간의 한계를 극복
한 초월적 존재라고 할 때 우주의 에너지나 신을
떠올릴 수밖에 없다. '감사'는 고맙게 여기는 마음
인데, 감사 또한 대상이 있어야 가능한 마음이다.
그 대상을 내맡김의 대상과 연결해 보면, 평강의
아귀가 제대로 맞아떨어지는 것을 느낄 수 있을 것
이다.

결국 삶의 승자는 바로

융의 자기

흰머리는 노화의 상징이다. 노화를 반가워하는 이는 없다. 그렇다고 피할 수도 없다. 상투적인 말이지만, 피할 수 없으면 즐겨야 하는데 누가 가르쳐주지도 않는다. '노화를 즐기는 법' 따위는 없다. 그렇지만 다음의 소식은 우리의 궁금증을 어느 정도 해소시켜 준다.

미국 애리조나주에 사는 사라 아이제만의 이야기다. 스물한 살 때 갑자기 머리가 하얗게 셌다고 한다. 그때로부터 십오 년 동안 강박적으로 염색을 했는데, 심지어 둘째 아들 출산을 몇 시간 앞두고도 염색부터 했다고 한다. 언제나 그 무엇보다 염색을 우선 순위에 두고 살았다고 한다. 그러다가 흰머리보다 자녀 양육이 중요해지면서 서서히 바뀌게 되었다. 염색에 집착하는 자신이 불쌍해지고, 있는 그대로의 나를 인정하지 못하는 것 같아 스스로에게 미안했다고 한다. 마침내 자신의 은발이 왕관이라는 사실을 새롭게 깨닫게 되고, 그 이후부터는 사회의 편견이나 시선을 벗어나서 염색을 하지 않는 현재의 모습으로 살 수 있게 되었다고 한다. 그녀의 자유는 이것이다. 주위의 시선과 판단은 중요하지 않다는 인식, 자기 자신을 있는 그대로 믿고 스스로 인정하는 당당함.

우리 사회는 노인에게 너그럽지 못하다. 노화의 조짐을 들킬세라 아등바등이다. 동안 외모, 젊게 보이는 비결, 활기찬 체력 유지에 집중한다. 나이보다 어리게 보인다는 말을 최고의 칭찬으로 여긴다. 나이를 잊어버리고 사는 삶을 동경한다. "내 나이가 어때서!"라고 외치지만, 동시에 이렇게도 고함친다. "세월아, 비켜라!" 야속하기 짝이 없는 게 세월이다. 도대체 어쩌란 말인가. 세월은 흐르고 아무리 관리를 해도 몸은 예전과 같지 않고, 흰 머리가 난다. 이제 방향을 바꿀 때가 되었다. 지위, 돈, 명예, 부귀, 권력, 재물에 치중하던 삶이 전부였다면 가던 길을 멈춰보자. 정반대로 뒤돌아서서 다시 앞으로 가보자. 밖을 향해 뻗어갔던 방향에서 새롭게 안을 향해 들어가 보자. 놀라운 사실을 경험하게 될 것이다. 내 안에서 영글어가고 끊임없이 피어나는 마음의 꽃밭을 만날 것이다. 한번 피어난 마음의 꽃은 절대 시들지 않는다는 것도 알게 될 것이다. 온전히 깨달을 때마다 매번 새로운 꽃이 피어나는 것도 느낄 것이다. 분석심리학의 창시자 칼 구스타브 융Carl Gustav Jung에 의하면, 내 안의 중심으로 방향을 돌리는 것은 35세에 시작해서 40세가 되면 원활하게 행할 수 있다. 그러니까 나이가 많은 것이 유리하다. 다른 말로 하자면, '인격의 성장'이다. 젊었을 때는 미처 시도할 수 없던 것이 바로 진정한 자기Self를 향한 여정이다. 즉, '자기실현'은 인간의 핵심적인 과제이다. 분석심리학자 이부영의 말에 의하면, 그것은 개인이 '평범한 행복'을 구현하는 과정이며, 자기 자신이 되는 것을 말한다.

　타인을 중심으로 한 시선에서 자기('자아 ego'가 아니다)를
중심으로 한 시선으로 보자면, 노화는 아름답다. 흰머리
뿐만 아니다. 굽은 등과 둔한 몸, 거친 손 또한 아름답다.
노화는 방지하는 것이 아니라 자연스럽게 맞이하는 것이
다. 노화를 즐길 줄 아는 이가 결국 삶의 승자다.

융의 자기|Self

분석심리학자 융Jung에 의하면, '자기'는 정신의 중심에 위치한 원형이고 의식과 무의식 전체의 중심이며, 의식과 무의식을 하나로 통합시키는 역할을 하는 것이다. 인간의 핵심과제는 자기를 향해 내면으로 들어가는 '자기실현'이며, 이는 자기 자신을 깨닫고 알아차림으로 인해 일어난다고 보았다. 한 걸음 더 나아가 자기실현의 지름길은 '용서'와 '사랑'에 있다. 나도 타인도, 그 어떠한 상황이나 현상에도 동일하게 적용된다.

무엇이 가장 두려운가

죽음은 존재하지 않는다

무엇이 가장 두려운가. 대부분 '죽음'에 동의할 것이다. 누구든 생애 첫날이 오듯 마지막 날이 오고야 만다. 그러니 산다는 것은 서서히 죽어가는 것일 터이다. 프랑스 작가 생텍쥐페리는 반대로 "산다는 것은 서서히 태어나는 것이다"라고 했다. 독일의 철학자 카를 야스퍼스(Karl Jaspers, 독일의 유신론적 실존주의 철학자)는 "자각하여 죽음을 향해 나아가고 있는 자는 누구든 자유롭다"라고 했다.

우리는 '죽음을 향해' 나아가는 것은 사실이지만, '자각'하지 않는다. 그저 주어진 시간 속을 헤매면서 살아갈 뿐이다. 원하던 것을 얻었는가 하면, 어느 순간에는 놓쳐버린다. 원하는 대로 되지 않을 때도 부지기수다. 그나마 뭔가 이뤄졌는가 하면, 다음 순간에는 혼란스러운 또 다른 일이 몰려온다. 삶은 고난의 연속이다. 깊은 골짝에 기쁨과 즐거움이 간혹 보이긴 하지만, 대부분은 비지땀 흘리며 등성이를 올라가야 한다. 프랑스 시인 알프레드 드 뮈세(Alfred de Musse, 극작가, 소설가, '프랑스의 바이런'이라고도 불린다)는 "삶은 잠이며, 사랑은 그 꿈이다"라고 했다. 우리는 허망한 꿈속에 빠져 허우적대고 있다. 그나마 다행인 것은 '서서히 알아차리는 것'이다. 다른 말로 하자면, 깨닫고 성찰하는 것이다. 이것이 바로 나이가 들수록 아름다울 수 있는 비결이다. 서서히 '태어나야 하는 것'은 바로 자기의 내면이다. 밖으로 돌렸던 눈을 안으로 향하는 것이다. 분석심리학자 융Jung의 이론을 빌리자면, 우리는 사회적 가면을 벗어던질 용기를 내야 한다. 이미 가면과 일체가 되어 사회적 호칭, 역할, 권위에만 갇혀 버렸다면, 가면을 벗는 연습을 스스로 해야 한다. 가면을 아예 쓰지 않고 살 수는 없겠지만, 자주 가면을 벗고 진짜 내 모습을 스스로 볼 수 있다면, 나는 서서히 태어나고 있는 셈이다.

그 첫걸음을 떼고 난 뒤에는 내 안의 그림자를 만날 수 있어야 한다. 추악하기 그지없는 내 안의 나를 직면해서 껴안아 준다면, 나는 더없이 부드러워질 것이다. 게다가 터무니없이 커져 버린 내 안의 그림자는 마치 얼음이 해동하듯 작아질 것이다. 그런 후 만날 수 있는 존재가 바로 자신 안에 있는 또 다른 성이다. 남성 안에 있는 여성성(아니마)과 여성 안에 있는 남성성(아니무스)을 알아차리는 것은 어렵지 않다. 온전히 이해하게 된다면, 그토록 오랫동안 찾고 있었던 이상형은 바로 자신 안에 있는 아니마와 아니무스였음을 알게 된다. 그것을 깨닫는 것은 바로 심층으로 가는 길을 열기 위한 통합과정이다. 내 안에 있는 전혀 반대되는 성을 수용하게 되면, 삶의 구심점이 보인다. 그리하여 결국 '자기self'를 향해 들어가게 된다. 그것이 바로 온전하게 태어나는 과정이다. 보이지 않는 내 안의 세계가 열리고 확장되는 것이다.

죽음을 새로운 차원으로 묘사하는 것은 낯설지 않다. 죽음을 오랫동안 연구한 미국의 의사 퀴블러 로스는 '죽음'이 무엇을 의미하냐는 물음에 한마디로 답변했다. "평온입니다." 잘 죽기 위해서라면 지금, 현재, 이 순간을 온전히 살아내야 한다. 그 길밖에 없다.

죽음은 존재하지 않는다

엘리자베스 퀴블러 로스는 이런 말을 남겼다. "죽음이란 나비가 고치를 벗어던지는 것처럼 단지 육체를 벗어나는 것에 불과하다. 죽음은 당신이 계속해서 성숙할 수 있는 더 높은 의식 상태로의 변화일 뿐이다." "내 실질적인 사명은 죽음이란 존재하지 않는다는 것을 사람들에게 말하는 것이다. 인류가 이것을 아는 것은 매우 중요한 일이다. … 지구 전체가 우리의 탐욕과 물질주의 때문에, 또 생태학의 견지에서 볼 때 우리가 너무 이기적으로 자연을 훼손했으며, 가공할 핵무기를 보유했기에, 또 모든 진정한 영성을 잃어버렸기에 말할 수 없이 어려운 상황에 놓이게 된 것이다."

나비가 고치를 벗어던지듯

엘리자베스 퀴블러 로스의 말

하늘과 땅의 움직임이 심상치 않다. 가끔 신이 존재하는지 의심하는 일이 벌어진다. 지난 여름 집중호우가 쏟아진 경기 가평에서 토사가 펜션을 덮쳐 세 명이 숨졌다.

천재지변으로 잃은 목숨은 불가항력이다. 사망한 이는 펜션 주인과 그녀의 딸과 이제 겨우 두 살인 손자다. 사건이 일어난 날 오전 10시 37분 이전으로 되돌릴 수만 있다면 얼마나 좋겠는가. 우리는 한 치 앞을 알 수가 없다. 똑똑하고 영특한 기술을 뽐내는 인간이 유한한 존재라는 사실을 여지없이 보여준다.

바니타스는 17세기 네덜란드와 플랑드르 지역에서 유행한 정물화의 한 장르이다. 중세 말에 흑사병이나 종교 전쟁 등 여러 비극적인 경험으로 인하여 일어난 풍조다.

그림 속에 해골이나 촛불, 꽃 등을 그려 넣는 특징이 있다. 이들 피사체가 상징하는 것은 바로 삶의 덧없음이다. 성경의 전도서 1장 2절에는 이런 말씀이 있다. "전도자가 가로되 헛되고 헛되며 헛되고 헛되니 모든 것이 헛되도다." 바니타스는 라틴어로 '공허'를 뜻한다. 인간의 삶은 공허하기 그지없다. 언제 어떻게 될지 누구도 알 수 없다. 생각해보면, 희로애락이나 원망과 분노와 좌절과 낙담도 살아있어서 갖게 되는 감정이다. 부귀영화와 무한 경쟁이 무슨 소용인가. 죽음 앞에서는 모든 것이 덧없다. 죽음조차도 자연의 일부다. 그냥 받아들일 뿐, 인간이 어떻게 할 수 없다. 과학기술이 놀랄 만큼 발전해서 죽음을 연장하거나 없앨 수 있다고 상상해보는 것도 사실 부질없다. 그런다고 행복해지지 않기 때문이다. 자연의 일부인 인간은 자연 안에서 숨 쉴 때 가장 자연스럽다. 이왕 언급했으니, 성경 구절을 더 더듬어보자. 전도서 1장 9절의 말씀이다. "이미 있던 것이 후에 다시 있겠고 이미 한

일을 후에 다시 할지라. 해 아래 새것이 없나니." 이것은
또 어떤 뜻인가. 사망한 후에도 끝이 아니라는 것인가?
게다가 이 땅에서 한 일들을 다른 차원의 세계인 사후세
계에서 다시 하게 된다는 것인가? 그렇다. 죽음은 착각이
다. 죽음을 앞둔 사람의 심리상태를 연구하고 밝혀낸 정
신의학자 퀴블러 로스는 생애 막바지에 이르렀을 때 새
로운 연구를 하게 된다. 그리고 발표한 것이 바로《사후
생》이다. 그녀는 "죽음이란 나비가 고치를 벗어던지는 것
처럼 단지 육체를 벗어나는 것에 불과하다. 죽음은 당신
이 계속해서 성숙할 수 있는 더 높은 의식 상태로의 변화
일 뿐이다"라고 했다.

언제 어떻게 될지 모르는 목숨을 주관하는 것은 인간
이 아니다. 그 엄청난 역할은 하늘에 맡겨두고 다만 현
재, 지금, 여기에서 내 영혼을 고양하기 위한 일에 매진할
뿐이다. 죽음이 있다는 자명한 사실 앞에서 지금을 헛되

게 살 수 없다. 육체의 삶 동안 극복했던 만큼 사후의 삶
이 이어질 것이다. 빌 노트 (Bill Knott, 미국 시인) 의 〈죽음〉이
라는 시로 삼가 고인의 명복을 빈다. '잠을 자면서 나는
두 손을 가슴 위에 포개 얹는다. / 사람들이 나중에 내
손을 이렇게 얹어 놓겠지. / 내가 내 안으로 날아 들어가
는 것처럼 보일 거야.'

엘리자베스 퀴블러 로스의 말

그녀는 우리가 어떤 근원이나 신으로부터 태어났
을 때부터 모두 신성한 측면을 부여받았다고 이야
기한다. 우리 안에 그 근원 일부가 존재하기에 우
리는 죽지 않는 것이라고 한다. 육체는 단지 죽음
이라고 부르는 변화를 우리가 겪기 시작하는 순간
까지 머무르는 집에 불과하다고 했다. 그녀에게 영
성이란 "우리보다 훨씬 위대하며 우주를 창조하고
삶을 창조한 어떤 존재에 대한 깨달음"을 뜻하는
것이었다.

삶아 우려내는 삶

가난한 심령

삶은 삶는 것이다. 볶는 것도 아니고 데치는 것도 아니다. 오랫동안 뜨거운 열기를 가해서 삶아 우려내는 것이다. 그러니 얼마나 큰 고난이 닥쳐오겠는가. 고민과 갈등은 우리를 따라 다닌다. 빛이 강렬할수록 그림자가 진해지듯이! 이 길을 언제까지 걸어야 하는가.

때로는 그만 걷고 싶다는 마음이 들기도 한다. 확고부동한 사실은 누구나 길의 끝을 향해 가고 있다는 것이다. 그때가 되면, 우리를 괴롭히던 모든 것과 이별할 것이다. 건강, 돈, 권력, 명예, 학식에 더 이상 마음을 옥죄지 않는 순간이 올 것이다. 그전까지는 늘 현실이 우리를 가만두지 않을 것이다. 마구 잡아서 뒤흔들 것이다. 좀처럼 드러나지 않는 내면이 열릴 수 있도록. 깊이 고아져서 남김없이 우러나도록. 그 과정은 금을 제련하는 것과도 같다. 금의 입장에서 보면, 흙과 모래와 물이 뒤섞여 흔들리는 과정부터가 시련이다. 마침내 용광로의 불길에서 극심한 고통을 당하게 된다. 이런 고된 과정을 거쳐서 탄생한 금은 그 어떠한 경우에서도 이겨나가는 견고한 성질을 가지게 된다. 이 과정은 영혼의 성장 과정과도 통한다. 고되고 강한 시련은 성장을 위한 절호의 기회다. 생명이 있는 한 영혼의 성장과 변화의 가능성이 늘 주어진다. 인생에서 험난한 시련과 어려움이 많았다면, 성장과 변화의 기회가 그만큼 많았던 셈이다.

성경의 마태복음 5장 3절에는 "심령이 가난한 자는 복이 있으니 천국이 저희 것임이요"라는 말씀이 있다. 가난한 심령일 때 낮아지고 겸손해진 마음으로 자신을 돌아보게 된다. 그럴 때 비로소 그동안 등한시했던 영혼을 바라보게 된다. 시끌벅적한 상황에서는 자신을 고요하게 들여다볼 수 없다. 외부 환경과 물질에 관심을 집중하는 동안에는 자신을 주시할 겨를이 없다. 좌절과 패배의 쓰라린 경험들은 자신 안으로 들어가서 자기를 직면하게 한다. 모든 거품들이 빠져나간 고요한 순간에 가난한 심령이 되어 자신을 바라보게 되는 것이다. 그 가난은 무겁고 복잡한 세속적인 욕망을 훌훌 털어버리고 날아오르게 하는 가난이다. 해서, 올바르게 자신을 직면할 수 있는 순간이야말로 값진 것이다.

정신건강의 척도 중 하나인 회복 탄력성은 평온할 때는 그 정도를 짐작할 수 없다. 고난이 닥쳐왔을 때라야 마음이 회복되는 정도를 파악할 수 있다. 그리하여 삶에 대한 핵심 열쇠는 '극복'이다.

여전히 많은 이들이 극단적인 선택으로 삶을 마감한다. 그럴 수밖에 없는 사연이 있었을 것이다. 하지만 그것에 비할 수 없을 정도로 살아나가야 할 존재 이유가 분명

히 있다. 생명을 부여받은 그 순간부터 우리에게는 삶을
'삶아내야 할' 분명한 사명이 주어져 있기 때문이다.

가난한 심령

성경에서 나오는 '가난'은 헬라어 '프토코스ptokos'로 '파산을 당하거나, 남의 도움 없이는 살아갈 수 없는 상태'를 의미한다. '심령이 가난하다'라는 말은 심령, 정신의 근원이 되는 의식의 본바탕이자 마음의 주체가 파산을 당한 나머지 홀로 살아갈 수 없는 상태를 일컫는다. 하늘의 섭리와 은총에 오롯이 내맡기고 내려놓으며 살아가는 것을 뜻한다.

진정한 인간은 바로

호모 룩스

인간은 어떠한 존재인가? 엉뚱한 상상을 해보자. 인간이 아닌 존재, 일테면 외계인한테 인간을 설명한다고 치자. 어떻다고 말할 수 있을까? 인간은 온순한가? 이기적인가? 희생적인가? 파렴치한가? 이것저것이 섞여 있는 모순투성이인가?

2021년 3월 16일 오후 5시, 미국 조지아주 애틀랜타에서 있었던 총격 사건으로 숨진 피해자 8명 중 4명은 한국계였다. 그중 한 명인 현정 그랜트는 한국 국적자다. 그녀는 두 아들의 대학 등록금, 집세 등을 위해 일하다가 변을 당했다. 그녀의 장남 랜디 박이 기금 모음 웹사이트 '고펀드미'에 "어머니는 우리 형제를 위해 평생을 바친 싱글맘이었습니다. 가장 친한 친구였고, 우리에게 가장 큰 영향을 끼친 분이었습니다"라고 호소했다. 그는 2만 달러를 목표로 모금을 했지만, 불과 이틀 만에 약 266만 달러가 모였다. 랜디 박은 세상의 도움을 받았다는 사실에 대해 어머니가 이제 안심할 것 같다며 감사의 글을 남겼다. 이 사건이 아시아 혐오 범죄라는 점에 대해 항의 시위가 이어지고 있다. 미 대통령까지 나서서 각성을 촉구하는 목소리를 내고 있다. 사건이 일어나자 폭력에 저항하는 이들이 한목소리를 내고 있다. 인간은 서로를 긍휼히 여기고, 의롭게 행동하는 용기 있는 존재인가.

한편, 총격범 로버트 애런 롱(Robert Aaron Long, 2021년, 21살의 나이로 미국 조지아 애틀랜타 총격 사건을 일으킴 범인. 한인 여성 4명을 포함해 8명을 살해했다)이 다녔던 조지아주 밀턴의 크랩애플 퍼스트 침례교회는 진정한 신도로 볼 수 없다며 그를 신도 명단에서 제명했다. 사건이 벌어지자 오물을 씻어내기 바쁜 격이다. 평소 롱은 착하고 독실한 기독교인으로 인정받고 있었다. 그는 여덟 살 때 기독교 세례를 받았고, 착실하게 신앙생활을 해왔다. 반면 그는 성행위에 대한 충동과 강박으로 성 중독 치료를 받은 이력이 있다. 재활 시설에 가기도 했으나 치료는 성공적이지 못했다고 한다. 롱의 행적을 통해 보자면, 왜곡된 종교적 관점, 성 중독, 인종 차별이 뒤범벅되어 저지른 끔찍한 만행이었다고 할 수 있을 것이다. 그러니, 인간은 위험하기 짝이 없는 존재다. 자신의 죄를 타인한테 투사시켜서 파멸하려 든다. 얼마나 어리석고 이기적인가.

도대체 인간을 한마디로 정의 내릴 수가 없다. 그런데도 감행해보고자 한다. 인간은 에너지 체이다. 그 어떤 상황보다 자신이 어떻게 생각하고 느끼는가에 따라 삶이 달라질 수밖에 없다. 긍정은 지속적인 긍정을, 부정은 끝없이 부정을 낳는다. 에너지 힐러인 웬디 드 로사(Wendy De Rosa, 미국의 저자이자 연설가, 강사)의 말에 의하면, 삶의 목적은 '내 안의 빛을 이해하고 세상에서 빛이 되는 법을 깨닫는 것이다. 그러므로 '진정한 인간'은 '호모 룩스Homo Lux', 즉, 빛이다. 당연한 말이지만 빛은 어둠을 물러나게 한다. 이 사실을 깨달을 때 개인이든, 사회든 치유가 일어날 것이다. 그리고 지금, 이 세상은 그 무엇보다 치유가 절실하다.

호모 룩스Homo Lux

인간 내면의 핵심에는 신, 또는 우주의 에너지가
자리한다. 그 사실을 깨닫든, 그렇지 않든 간에 존
재한다. 분석심리학자 융에 의하면, 그곳을 '자기
Self'라고 하며, 큰나, 참나, 본래면목本來面目이라는
말과도 의미가 같다. 통합 예술·문화치유인 심상
시치료에서는 '빛'이라고 한다. 인간은 빛의 존재다.
인간의 '빛'은 외따로 존재한 적이 없다. 인간의 잠
재력과 가능성이 무한한 이유가 거기에 있다.

호모 룩스

Homo Lux

피하지 않고 마주하기

Facing, not avoiding

잠든 양심을 아프도록

직면

직면은 아프다. 하지만 어쩌겠는가. 존 카밧진(Jon Kabat-Zinn, 미국 메사추세츠 의과대학 명예교수)의 말처럼 일어나는 정서적 고통을 있는 그대로 들여다보지 않으면 치유는 일어나지 않는다. 개인뿐 아니라 사회도 그러하다. 구석진 곳에서 자행되는 것을 바라볼 용기가 필요하다. 영화 〈사라센의 칼〉은 은폐한 문고리를 벗겨낸다.

영화가 시작하면, 컨테이너 건물을 주먹으로 치는 반장이 등장한다. 그곳은 공장에서 일하는 윤아의 숙소다. 욕망의 마수는 끈질기게 확장하며 점점 수위를 높여간다. 유리공장의 사장은 건실한 기독교 신자처럼 보인다. 같은 교회 소속의 은지를 경리로 두고 임금을 함부로 착복한다. 사장이 유린하는 또 다른 대상은 외국인 근로자 알란이다. 사장과 반장이 결탁한 욕망은 공장의 헤게모니(주도권, 패권을 뜻하는 독일어 헤게모니에Hegemonie의 영어식 표현)를 이룬다. 평범한 근로자 두 명은 이들이 시키는 대로 행할 뿐이다. 밟아라 하면 밟고, 못 들은 척하라고 하면 그렇게 한다. 알란은 제때 임금을 받지 못하고, 폭언과 폭행을 당하기 일쑤다. 사장의 탐욕은 멈추지 않는다. 그것을 막는 과정에서 알란은 칼에 맞아 죽고 만다.

'칼'은 영화 속에서 여러 변주를 거친다. 인트로에서 눈보라가 휘몰아치는 사막, 낙타, 소녀 그리고 칼이 등장한다. 그 직전에 나타나는 자막 하나. '유목민들은 사막으로 향하기 전 길을 잃지 않기 위해 새끼 낙타를 어미 낙타 앞에서 무참히 살해한다고 한다.' 그다음 칼은 분노에 휩싸인 윤아가 미군을 찌르고, 미군이 다시 윤아를 찌르려다가 막아선 엄마의 얼굴을 그어버린 칼로 등장한다. 칼을 높이 쳐들고 엄마는 윤아를 대신해서 자수한다. 한편,

알란은 칼을 이용해서 고국의 요리를 만들어 윤아한테 대접한다. 윤아의 생일날 알란이 선물한 것이 바로 '사라센의 칼'이다. 앞으로 윤아를 지켜줄 거라는 말을 하지만, 결국 그 칼에 찔려서 죽고 만다. 알란이 피살되고 나서 윤아는 공장을 나온다. 언덕바지로 올라서면서 마음속 장면이 펼쳐진다. 낡은 베틀에서 천을 짜는 엄마, 엄마를 올려다보던 어린 자신. 무명천이 가득 널려있는 빨랫줄. 그 아래에서 윤아는 춤사위를 하듯 칼과 함께 있다. 마지막에 등장한 칼은 사라센의 칼이 아니다. 손잡이가 천으로 친친 동여매어 있다. 손아귀가 아리도록 단단히 쓸 작정이다. 햇발이 칼날에 부딪혀 광채를 뿜어내고 있다. 그리고 이어지는 아웃트로. '크나큰 슬픔을 가진 어미 낙타는 아무리 먼 길을 가도 새끼 낙타를 그리워하며 찾아오기 때문이다.'

스스로 새끼 낙타가 되어 죽은 알란이 있다. 이제 우리가 어미 낙타가 될 법하지 않은가? 씨줄 날줄을 잘 드리워서 반듯한 베를 짜듯, 우리 사회는 부디 성숙해야 하지 않겠는가? 영화는 잠든 양심을 아프도록 강하게 때린다.

직면

직면은 피하지 않고 마주 대하는 것이다. 상처가
많을수록 직접 당하고 접하는 것이 어렵기 마련이
다. 심리적으로 나약할 때도 그렇다. 어느 정도 힘
이 있어야 직면이 가능하지만, 직면을 통해 힘이
길러질 수도 있다. 허들 경기에서 허들을 보지 않
고 경기를 할 수 없듯이 직면 없이 상처를 극복할
수는 없다. 제대로 직면했다면 지독하게 아프지만,
아픈 만큼 성장하게 된다.

성공은 이런 것이다

성공

성공학은 학문이 아니다. 사전을 찾아보면 엄연히 존재하는 말이긴 하다. 학문이 아닌데도 버젓하게 '학'자를 붙인다. 하도 성공을 추구하다 보니 학문처럼 연구하게 되어서 쓰는 말이다. 사실, 말하기 쉬운 게 성공이다. 아침형 인간이 성공하는가 하면, 저녁형 인간이 성공한다. 메모하는 습관이 성공의 비결이라고 하는 한편, 그저 기억력으로 승부를 내라는 말이 있다. 웃는 것이 건강 성공이라고 하는가 하면, 울어야 한다는 말도 있다. 마시멜로를 참고 나중에 먹어야 훌륭해진다는 말이 있는가 하면, 참지 않고 폴라로이드 카메라를 충분히 즐길 때 창의성이 더 높게 나타난다는 실험도 있다. 어느 장단에 춤을 춰야 할까.

하나는 확실하다. 성공의 정의가 잘못되었다는 것. 성공을 그토록 갈구하지만, 정작 성공이 무엇인지 물어보면, 대부분 답하지 못한다. 보편적으로 하는 답은 원하는 일을 이루는 것! 도대체 원하는 것은 무엇이냐는 질문에는 대개 진학이나 직업을 말한다. 원하는 것을 하지 못하면 어떻게 되느냐는 질문에는 뜨악해진 눈으로 이렇게 답하기 마련이다. 아, 그건 실패죠. 이러한 단순한 논리에 의하면, 우리의 삶은 늘 실패다. 원하는 진로대로 안될 확률이 높기 때문이다. 보는 눈은 있지만, 속할 수는 없는 상황들이 파다하다. 탐나는 곳의 경쟁률은 치열하고 산 넘어 산이다. 누구나 성공을 원하지만, 정작은 잡을 수 없는 무지개가 되고 만다. 이쯤에서 자신에게 물어보라. 나는 과연 성공했는가? 성공을 향해 가고 있는가? 이 물음에 제대로 답이 나오지 않는다면, 잘못 산 것이 아니다. 제대로 성공을 모른 탓이다. 성공은 한마디로 하자면, '역경의 극복'이다. 이 정의에 뒷받침되는 연구가 조지 베일런트 연구이다. 하버드 대학생 268명의 인생을 72년간 추적하여 조사해보니 고난에 대처하는 자세가 행복, 즉 삶의 성공에서 가장 중요한 조건이라는 것이다. 2020년 노벨문학상 수상자로 선정된 미국 출신 시인 루이즈 엘리자베스 글릭은 섭식 장애와 신경성 식욕 부진 증상을 가지고 있었다. 불안정한 심리상태로 살아왔던 그녀는 자신의 글에 거친 호흡과 걸쭉한 목소리를 그대로 드러냈다. 청소년기에 앓았던 그 병을 그녀는 "내 인생의 가장 위대한 경험 중 하나"라고 하였다. 이 말은 바그너의 오페라 '파르지팔'의 다음 대사를 기억나게 한다. "네가 이 창으로 준 상처는 이 창으로 낫게 될 것이며 너의 이 거짓스러운 호화는 통곡이 울리는 폐허가 되리라!"

그리하여 성공은 이런 것이다. 나를 찌른 창이 나를 구한다. 이것이 바로 극복의 절대값이다. 글릭의 시 〈눈풀꽃 snowdrops〉의 마지막 구절을 읊조려본다.

"나는 지금 두려운가. 그렇다. 하지만 당신과 함께 다시 외친다. 좋아, 기쁨에 모험을 걸자. 새로운 세상의 살을 에는 바람 속에서."

성공

19세기 미국 시인 랠프 월도 에머슨의 〈무엇이 성공인가〉라는 시다. "자주 그리고 많이 웃는 것. 현명한 사람들에게 칭송받고 아이들의 애정을 얻는 것. 정직한 비평가에게 찬사를 듣고 잘못된 친구의 배신을 인내하는 것. 아름다운 것에 감사할 줄 알고 남에게서 가장 좋은 장점을 발견하는 것. 한 뼘의 정원을 가꾸든지, 사회 환경을 개선하든지, 조금이라도 더 나은 세상을 만들고 떠나는 것. 한때 이 땅에 살았다는 것으로 인해 단 한 사람이라도 살기 수월했다는 것을 깨닫는 것. 이것이 진정한 성공이다." '성공은 역경의 극복이다'라는 정의가 삶의 각 장면 속속들이 녹아있는 시이다.

끈질긴 낙인

스티그마와 골렘효과
그리고 피그말리온 효과

갓 출소한 남자. 중년 초입에 이른 나이. 버젓한 직장을 구하기란 요원한 지경. 수년 전 남자가 저지른 일에 대해 알고 있는 작은 마을. 이쯤 되면 스티그마 효과가 단단히 깔린 셈이다. 스티그마는 빨갛게 달군 인두를 가축의 몸에 찍어 소유권을 표시하는 낙인을 일컫는다. 심리학 용어로는 낙인이 찍히면 부정적 인식으로 인해 결국 부정성이 증가하게 되는 것을 말한다.

영화 〈팔머Palmer〉의 주인공의 눈동자는 모래 먼지를 가득 담고 있다. 수가 틀리면 언제 폭력이 튀어나올지 위태롭기만 하다. 남자의 생모는 다섯 살 때 가출하고, 부친은 고교 시절 세상을 떠났다. 유일한 혈육인 할머니의 집에서 기거한다. 할머니의 권유로 교회를 나간 인연으로 초등학교 잡역부로 취직한다. 할머니 집 뜰 안, 트레일러에 거처하는 떠돌이 여자의 아들 샘을 맡게 되면서 팔머는 서서히 바뀐다. 누군가를 진정으로 도와주는 것이 무엇인지 알게 된다. 그것은 내가 원하는 대로 함부로 이끄는 것을 내려놓는 것에서 시작한다. 머리에 핀을 꽂고 인형과 소꿉놀이를 좋아하는 샘한테 가해지는 타인의 시선 또한 영락없는 스티그마(stigma, 부정적인 낙인)이다. 갑자기 증발한 친모를 대신해서 아이를 맡게 된 팔머는 과거의 자신을 기억한다. 세상에 버려진 느낌, 처절한 외로움을 잘 알고 있다. 팔머는 자신을 숨기지 않는다. 돈을 훔쳤고, 폭력을 했고, 그런 나쁜 짓을 했기에 잘살고 있는지 경찰한테 가서 확인을 받는 자신의 처지를 샘한테 고백한다. 아이는 자신도 반 아이의 물건을 훔쳤고, 그러지 않았다고 거짓말까지 했다는 것을 말한다. 팔머는 따뜻한 눈빛으로 이렇게 말한다. "도둑맞은 걸 돌려받게 되면 그 애가 좋아할 것 같니?" 샘은 고개를 끄덕인다. "네, 저도 그래야

기분이 나아질 것 같아요." 팔머는 한 마디 덧붙인다. "그 애가 고마워할 거다." 그리고 아이는 말한다. 돌아가신 할머니 것도 훔쳤는데 돌려줄 수가 없다고. 배가 고파서 그랬다고. 팔머는 괜찮다고 하면서, 직접 달라고 했으면 할머니는 뭐든지 주셨을 거라고 말한다. 아이는 다시 고개를 끄덕인다. 다음 날, 아이는 훔친 물건을 되돌려준다.

스티그마는 끈질기다. 여간해서는 벗어나기 힘들다. 방치된 샘을 양육하고자 고군분투하는 팔머한테 세상의 시선은 곱지 않다. 팔머를 호송해가는 경찰차를 뒤쫓아가면서 샘은 팔머를 부르며 울부짖는다. 아이를 있는 그대로 인정해주고 받아 주는 팔머가 결국 승리한다. 긍정적인 기대나 믿음으로 긍정성을 이루는 것은 피그말리온 효과(Pygmalion effect, 타인의 기대나 관심으로 인하여 능률이 오르거나 결과가 좋아지는 현상)로, 스티그마의 반대다. 그것은 다만 생각 뒤집기로 되지 않는다. 《리더십, 문을 열다》의 저자 이창준의 표현대로라면 '비판적 성찰'이라는 '영혼의 울림'으로 전환할 수 있다. 그 무엇보다 자신에게 정직할 때 스티그마를 극복해낼 수 있다.

스티그마와 골렘 효과 그리고 피그말리온 효과

스티그마stigma가 '낙인'이라면, 그 낙인으로 인해 기대나 성과 저하로 이어지는 것을 골렘 효과Golem Effect라고 한다. 유대교 신화에 등장하는 흙으로 만들어진 존재 '골렘'이 유대인을 보호하기 위해 창조되었지만, 점차 흉포한 성향으로 변해가며 모든 것을 파괴한다는 신화에서 유래한 것이다. 이 골렘 효과의 반대로 긍정의 눈으로 볼 때 긍정으로 변하며, 칭찬이 극대화되어 나타나는 효과가 '피그말리온 효과Pygmalion Effect'다.

기대를 적은 종이를 찢어라

왓칭

희한한 부모교육이 있다. 이십 대 이상의 자녀가 있어야 참가 가능하다는 조건이다. 성인 자녀를 둔 부모교육이라니. 생소하기 그지없다. 두 시간을 훌쩍 넘기고서야 마쳤다. 내용은 이러했다.

강사는 먼저 자신의 얘기부터 꺼냈다. 지금 스물일곱 살인 딸이 삼 년 전, 소낙비가 내리는 어느 날 거리에서 "나는 세상에서 엄마가 제일 싫어!"라고 고함을 질렀고, 그 순간 세상이 무너지는 것 같았다고 한다. 평소 잘 통한다고 믿어왔던 관계였기에 놀라움은 더 컸다고 한다. 그 이후로도 억장이 무너지는 몇몇 순간을 연이어 겪고 나서 그녀는 난생처음 딸의 입장에서 곰곰이 생각해보았다고 한다. 그제야 살아오면서 단 한 번도 제대로 딸을 이해하고 공감해오지 않았다는 것을 알아차렸다고 했다. 오래 전, 큰 사기를 당해 온통 빚을 뒤집어쓰게 된 때가 있었다고 했다. 같이 살던 외할머니는 엄마가 집에 있다는 사실을 비밀로 해야 한다고 열 살인 손녀에게 신신당부했다고 한다. 그 말대로 일기장에 엄마 대신 '이모'라는 호칭으로 쓰곤 했다고 한다. 그러다가 반 친구들이 엄마 없는 아이라고 놀리자 아이는 아무런 반박도 하지 못하고 울었다는데, 이십 년이 훌쩍 지난 후 비로소 생각나더라는 거였다. 그때는 허리띠를 졸라매야 했고, 암울했던 시기여서 아이의 감정을 제대로 느끼고 돌봐줄 여력이 없었다고 했다. 뒤늦게 회한 가득한 마음이 솟아올라서 이불을 뒤집어쓰고 누운 딸한테 다가가서 미안하다고 말하기 시작했다고 한다. 그 말을 마치 기도하듯 수백 번 읊조렸다고 했다. 그러면서 온통 온 가슴에 들이차듯 눈물이 흘러내렸다고 했다. 얼마나 지났을까. 슬그머니 스스로 이불을 들추며 딸이 역시 눈물로 젖은 축축한 얼굴을 내밀었다고 했다.

근사한 텍스트에서 나오는 합리적인 이론이 아니었다. 자기 이야기를 적나라하게 펼치다가 급기야 눈물을 흘리곤 하는 강사를 어떻게 받아들여야 할까.

급기야 강사는 종이 위에다가 자녀에게 거는 기대를 적고, 다른 종이에는 그 자녀에게 고마운 마음을 적게 했다. 각자 발표하게 한 다음, 기대를 적은 종이를 갈가리 찢어달라고 했다. 이상했다. 화가 날 줄 알았는데 오히려 홀가분했다.

잘해 나갈 거라는 믿음, 넘어져도 스스로 일어날 것이라는 긍정적 마음과 따뜻한 시선으로 멀찌감치에서 바라보는 것, 단지 그것만 하면 된다고 했다. 당장 안쓰럽고 불안한 시선을 거두는 것부터 시작하자고 했다. 자기 자식을 믿지 못하면, 세상 어느 누가 믿어줄 것인가. 때로는 믿음이 내팽개쳐치는 듯해도 그저 훌훌 털어버리자. 자식은 현세에서 도를 닦기 위해 하늘이 보낸 선물이므로. 자식

이 날개를 펴고 마음껏 날아가도록 두고 지켜보는 것, 그
것 말고 부모가 무엇을 더 할 수 있겠는가. 정신분석학자
라캉Lacan의 말에 의하면, '사랑은 갖지 않은 것을 주는 것'
이다. 이제껏 속박했다면, 지금은 부디 자유를 줄 차례다.
살아오는 동안 미처 자유를 갖지 못한 채 살아왔다면, 이
제는 내가 갖지 못했던 자유를 온전히 줘야 할 때다. 별
볼일이 다 있는 부모교육, 낯 간지러운 이 글을 쓴 나는
그 시간에 강사를 맡았다.

왓칭watching

왓칭에 대해 양자 물리학의 창시자격인 닐스 보어는 "이 요술에 충격을 받지 않는 사람은 이해하지 못한 것이다"라고 했으며, 하이젠베르크에 의하면 "우주의 무한한 가능성은 왓칭으로 비로소 눈앞의 현실로 창조된다"라고 했다. 양자물리학자들이 발견한 우주원리는 만물이 사람의 생각을 읽고 변화하는 미립자subatomic particle로 구성되어 있다는 '관찰자 효과observer effect'다. 보이는 대로 이뤄진다. 긍정으로 보면 긍정의 아이가 자라고 부정으로 보면 아이는 부정 덩어리가 된다. 자기 자신한테도 똑같이 적용된다.

그게 부끄러운 기 아입니더!

용기

그게 부끄러운 기 아입니더! 영화 〈마약왕〉에 나오는 대사다. 실화를 바탕으로 한 이 영화는 70년대를 풍미하던 마약계 거물을 다뤘다. 주인공 이두삼의 활약은 혀를 내두를 정도다. 그는 부산에서 금세공업자로 살아가다가 밀수를 하게 된다. 히로뽕을 수출하는 일을 대리하다가 검거되어 투옥된다. 부인의 로비를 통해 폐병으로 출소하고 이후 본격적인 마약 사업을 벌인다.

신분증을 위조하고, 엄청난 뇌물을 써서 정치 인맥을 마련한다. 새로 부임 받은 검사의 대대적인 단속으로 그는 취조당한다. 검사는 그의 화려한 명함 다발을 쥐고 하나하나 읽어 내려가다가 흩뿌린다. 이두삼은 끼고 있던 팔장을 풀며 말한다. 개 같이 번 돈을 어디다 쓰냐고예?

정승맨치로 쓰는 게 아이라 정승한테 쓰는 겁니다. 내가 검사님 앞에 일억 보재기 딱 내놨삐면 검사님 우짤낍니까? 내 비밀로 해드릴게. 그러다가 손을 옆으로 내뻗으며 특유의 넉살을 부린다. 와이고야. 요 뭐 봤습니까? 금방 검사님 머릿속에 팍 지나갔는데? 뭔가가… 헤헤헤. 그게 절대 부끄러운 기 아입니더!

마약 중독 이력을 가진 한 유튜버는 이 영화를 이렇게 소개했다. 일반인들이 보면 호기심이 생길 것이고, 약쟁이들이 보면 하고 싶어서 환장할 영화다. 그러면서 영화 이름만 들먹여도 약이 당기는지 입맛을 다셨다. 미국에서는 한 시간에 세 명 꼴로 마약에 중독된 아기가 태어난다. 영화 속 이두삼이 행했던 마약 밀수출은 오십 년이 흘러도 여전하다. 최근 오 년 사이에는 그 수가 100배 이상 증가했다. 올해 7월에는 원룸 꼭대기 층에서 시가 33억 원어치 필로폰을 만든 삼십 대가 구속되기도 했다. 그는 놀랍게도 처방전 없이 살 수 있는 일반의약품에서 마약 성분을 추출해냈다.

래퍼 불리는 유튜브 채널에서 자신이 경험한 펜타닐에 대해 토로했다. 알려진 대로 펜타닐은 헤로인의 100배나 되는 마약 진통제다. 불리는 마약에 손대는 순간 삶의 주인은 악마가 되는 것이라 했다. 그는 우리나라에서 마약이 급속하게 퍼진 것이 래퍼들 영향이 크다고 본다며 이실직고했다. 아이들의 우상인 래퍼들이 마약을 경험한 이력을 떠벌렸기 때문이라는 것이다. 영상의 마지막에는 절규하듯 래퍼들에게 욕을 해댄다. 그 욕은 바로 자신을 향한 극렬한 비난이기도 하다.

물질과 욕망, 쾌락만을 추구하는 삶, 그게 사실 부끄러운 것이다. 누구나 다 그렇게 살아가니 나도 그러겠다고 하는 것도 부끄러운 것이다. 부끄러움을 안다면, 멈출 수

있는 아주 가느다란 희망의 끈 하나가 드리운 것이다. 그
다음 시작해야 하는 것은 그 길을 벗어나서 다시는 가지
않는 용기다. 부디, 부끄러움을 알아차리는 행운이 깃드시
길!

용기

정신의학자 데이비드 호킨스에 의하면, 인간 의식
의 수준은 숫자로 나눌 수 있으며, 200미만은 미만
끼리, 이상은 이상끼리 순환한다. '200'이라는 숫자
를 기준으로 회전축이 발생한 것이다. 그 의식 수
준의 축은 '용기'이다. 용기를 가질 때 비로소 그 위
에 있는 의식인 중립성, 자발성, 수용, 이성, 사랑,
기쁨, 평화, 깨달음으로 갈 티켓이 주어진다. 그러
니 '용기'는 의식혁명을 위한 첫 관문인 셈이다.

기적을 꿈꾸며

우울증

우울이 다반사가 되었다. 하늘길이 막히고, 땅의 길도 삶의 길도 막막하다. 흐름을 상실하면 아프게 된다. 우울감과 무력감이 성인 인구의 절반 이상을 강타하고 있다. '코로나 블루'를 경험하는 가장 큰 이유는 '고립'이다. 언제까지 이렇게 계속될지 장담할 수 없는 노릇이다. 아직 건재하고 있는 육체에 비해 정신은 나약하기 그지없다.

그 어떤 말로도 위로가 되지 않는다. 그저 이 사태가 지나갔으면 하지만, 좀처럼 누그러들지 않는다. 어느 누구도 코로나19 앞에서 건강을 호언장담할 수 없다. 감염의 공포에서 어서 벗어나고 싶은 간절한 마음으로 하루하루를 버티고 있다. 인간의 죽음에 대한 연구에 일생을 바쳐 미국 시사 주간지 《타임》이 선정한 '20세기 100대 사상가' 중 한 명으로 선정된 엘리자베스 퀴블러 로스(Elizabeth Kubler-Ross, 스위스 출신의 미국 정신과 의사. 임종 연구(near-death studies) 분야의 개척자이며 《죽음과 임종에 관하여(On Death and Dying, 1969)》를 출판 하였고, 분노의 5단계(five stages of grief) 이론을 처음으로 제시하였다)는 다음과 같이 말했다. "상황을 바꿀 수 없다고 해서 최악이라고 여기지는 말아야 합니다. 일이 일어나고 전개되는 과정을 신뢰해야 합니다. 세상에서 일어나는 기적적인 일들은 대부분 우리의 도움이나 간섭, 지원 없이도 일어납니다." '기적'에 관해서는 물리학자 알베르트 아인슈타인의 다음과 같은 말이 있다. "세상을 보는 데는 두 가지 방법이 있다. 하나는 기적이 없다고 생각하며 사는 것이고 다른 하나는 모든 것이 기적이라고 생각하며 사는 것이다." 정신과 의사이자 작가인 모건 스콧 펙(M. Scott Peck, 사상가, 10여 년간 육군 군의관(정신과 의사)로 일했다. '자기 훈육'의 필요성을 주장하면서 진정한 자기계발서(self-help book) 장르를 구축했다)은 "실제로 우리 인생에서 가장 좋은 시기는 우리가 어렵고 불행하고 불만족

스러울 때 도래한다. 어려움을 극복하기 위해 여러 가지 방법과 진정한 해결책을 모색하기 때문이다"라고 하였다. 이런 말들이 지금 아무런 도움이 되지 않을 수도 있다. 부정 속에서 억지 긍정을 창출해내는 능력이 부족한 탓일까. 울적함은 가시지 않는다. 그래, 좋아. 그런데 도대체 그 기적이란 게 언제 오는 거지? 경로를 파악할 수 없는 미묘한 상황에서 코로나19에 감염될 확률이 존재하는 한, 우리의 삶은 무방비이다. 신의 은혜와 사랑을 갈구하기 전, 먼저 신의 무자비한 행태에 손가락질하고 싶어지기도 하다. 이런 상황을 신이 허락했으니, 이를 거두는 것 또한 신이 허락하시리라. 이런 말조차 사치스럽다.

'코로나 블루'는 한층 더 짙어지고, 다양한 연령층으로 확산될 것이다. 어떤 기적을 꿈꿀 것인가. 그야말로 꿈이 아닌가?

"똑바로 본다고 해서 모든 것이 변하는 것은 아니다. 그러나 똑바로 보지 않는다면 아무것도 바꿀 수가 없다."

소설가 제임스 볼드윈(James Baldwin, 미국의 소설가이자 수필가)
이 남긴 말이다. 이제 우리에게는 무엇이 펼쳐져 있는가.
다시 엘리자베스 퀴블러 로스의 말을 새겨보자. "평화를
느끼지 못한다면, 삶에 순응할 때입니다. 인생이 마음먹
은 대로 풀리지 않는다면, 받아들일 때입니다." 지금이 그
러할 때이다. 순응 속에서 기적이 온다.

우울증

우울증은 생각의 내용, 사고 과정, 동기, 의욕, 관심, 행동, 수면, 신체활동 등 전반적인 정신 기능이 계속해서 저하되어 일상생활에 지장을 주거나 악영향을 끼치게 되는 것을 뜻한다. 즐거운 일이 있을 때 즐겁고, 슬픈 일이 있을 때 슬퍼하는 것은 자연스럽고 건강한 것이며, 일시적으로 우울하다고 '우울증'이라고 할 수는 없다. 우울증은 우울한 기분이 적어도 2주 이상 지속할 때를 말하며, 이럴 경우에는 적극적인 치유적 대처가 필요하다.

현실과 환상 사이

경계와 경계

아이를 안고 코끼리한테 다가간 남자는 어떻게 되었을까? 아이는 코끼리의 코를 만지며 까르륵 웃고, 코끼리는 남자를 등에 태웠을까? 캘리포니아주 샌디에이고 동물원에서 두 살 난 아이를 안고 코끼리 울타리에 들어간 아빠는 봉변을 당할 뻔했다. 코끼리가 달려들자 급히 몸을 피했다. 위스콘신 밀워키 동물원에도 같은 행동을 하려는 남자가 있어 사육사들의 신고로 제지된 바 있다.

우리는 종종 현실과 환상을 혼동한다. 애니메이션에서 봤던 코끼리는 더할 나위 없이 다정하다. 7미터가 넘는 몸에 6톤이 넘는 몸무게를 가진 초식 동물이 지닌 온순함은 순전히 성정일 것이라고 여긴다. 코끼리는 오랫동안 인간에게 복종해왔다. 운송 수단이기도 했고, 전쟁에 투입되기도 했다. 맹수를 압도할 만큼 힘이 센 코끼리를 인간은 어떻게 통제해왔나? 코끼리를 길들이는 방법은 잔혹하다. 생후 2년도 채 안 된 새끼를 어미로부터 강제로 떼어오는 것부터 시작한다. 열흘가량 나무에 묶어놓고 온몸을 찌르고 때린다. 이를 '파잔Phajaan의식'이라고 한다. 태국에서는 전체 코끼리의 4분의 1 이상이 이런 의식을 거친다. 몸을 전혀 움직이지 못하면서 코끼리는 체념과 절망을 배우게 된다. 이들의 일부는 학대받아 죽고, 일부는 식음을 전폐하거나 실신해서 죽는다. 살아남은 코끼리들은 뇌에 장애가 생긴다. '마후트'라고 불리는 조련사들은 말을 듣지 않으면 '불후크Bullhook'라는 날카로운 쇠갈고리로 코끼리들을 사정없이 찌른다. 두들겨 패서 듣게 하는 식이다. 이들이 노역이나 공연, 관광용 코끼리가 되는 것이다.

한편, 인도나 스리랑카에서는 좀 더 다른 방식으로 훈련 시켜왔다. 코끼리를 잡아 와서 흥분이 가라앉을 때까지 놔둔다. 긍정적 강화로 좀 더 온건하게 다루기도 한다. 하지만 야생 코끼리를 길들이면서 위협적이고 교묘한 통제가 뒤따르지 않을 수 없다. 돈을 벌려는 인간의 욕심 때문에 가차 없이 희생당하는 셈이다. 작정하면 얼마든지 없앨 수 있는 인간한테 벌벌 떠는 코끼리는 이미 정신이상 증상을 겪고 있는 것이다.

코끼리뿐만 아니다. 인간이 인간한테 파잔 의식을 치르는 사례도 부지기수다. 자식, 배우자, 지인 위에 군림하며 도망치지도 못하게 만든다. 경계境界만 지켜도, 울타리만 넘지 않아도 이를 경계警戒할 수 있다.

혹시 내가 가까운 이한테 심리적 경계를 함부로 밀치고 들어가지는 않나? 상대방을 무시하고 마음 내키는 대로 마음의 울타리를 침범하지는 않나? 내가 원하는 대로 따라와 주지 않는다고 비난하지는 않나? 내가 이끄는 대로 해야만 겨우 칭찬하지는 않나? 모든 것을 내 중심에서 내 욕망에 따라 상대방을 길들이고 있지는 않나? 부디, 스스로 경계해야 할 것이다.

경계境界와 경계警戒

경계境界는 어떠한 기준에 의해서 분간해서 짓는 한
계를 의미한다면, 경계警戒는 옳지 않은 일이나 잘
못된 일을 하지 않도록 타이르고 주의하는 것을
의미한다. 앞의 경계를 내 주위의 존재를 배려하고
존중하자는 의미로 썼다면, 뒤의 경계는 뜻밖의 사
고가 생기지 않도록 조심해서 단속하자는 의미로
쓴 것이다.

장막을 걷어내는 일

그림자 껴안기

화상을 입었던 누이가 있다. 젊은 날 꽤나 속상했지만, 중년 이후 누이에게선 향기가 난다. 생각해보면, 모든 상처는 꽃의 빛깔을 닮은 듯하다. 향기가 배어나는 이의 가슴속에는 커다란 상처가 있다는 것도 깨닫게 되었다. 이런 내용의 시가 있다. 복효근 시인의 〈상처에 대하여〉라는 시다. 시의 내용은 다음과 같다.

'오래 전 입은 누이의 / 화상은 아무래도 꽃을 닮아간다 / 젊은 날 내내 속 썩어쌓더니 / 누이의 눈매에선 꽃향기가 난다 / 요즈음 보니 / 모든 상처는 꽃을 / 꽃의 빛깔을 닮았다 / 하다못해 상처라면 / 아이들의 여드름마저도 / 초여름 고마리 꽃을 닮았다 / 오래 피가 멎지 않던 / 상처일수록 꽃향기가 괸다 / 오래된 누이의 화상을 보니 알겠다 / 향기가 배어나는 가슴속엔 / 커다란 상처 하나 있다는 것 // 잘 익은 상처에선 / 꽃향기가 난다'

　상처를 가지는 것은 두렵기 짝이 없다. 들키는 것이 싫어서 숨기려고만 한다. 상처 따위는 없다고 부인하기도 한다. 그러다 보니 먼저 자신을 속이게 된다. 그럴수록 화와 짜증이 늘어난다. 진실하게 자신을 대하지 못하니, 늘 패배자가 된 기분이다. 그것을 다르게 부풀려 포장하기 바쁘다. 마음의 상처가 몸으로까지 번지거나, 몸의 상처가 마음으로 이어진다.

　'속인다'는 것은 긴장과 스트레스를 늘 달고 사는 것을 뜻한다. 나 자신의 상처를 이해하지 못하니 타인의 상처는 말할 것도 없다. 작은 것에 트집을 잡고 닦달하기 일쑤다. 스스로는 더욱 강하게 핍박한다. 더 감춰! 완벽하게 덮어 둬! 전혀 보이지 않게! 이 억압은 용수철 누르기와 같다. 꽉 누르고 있으면 부피가 줄어들지만, 언제까지

나 그럴 수 없다. 누르는 손이 아프기도 하지만, 손이 할 일이 따로 있지 않은가. 용수철을 떼는 순간 어디로 튈지 모른다. 깊은 상처는 꽁꽁 싸매어 덮어두었지만, 아래에선 여전히 피를 흘리고 있다. 지혈하면서 살뜰하게 보살피기 위해서는 스스로 상처를 들여다봐야 한다.

브라질의 페르난다 타나즈라Fernanda Tanajura는 선천성 질환인 수포성 표피박리증을 가지고 있다. 그렇지만 그녀는 피부 전체에 생긴 물집과 상처를 있는 그대로 드러내는 인플루언서다. 분석심리학자 융Jung에 의하면, 인간은 내면에 혐오스럽고 경멸스러운 자신이 있다. 이것을 '그림자'라고 칭한다. 거부하면 할수록 그림자는 괴물처럼 커진다. 그것을 다스리는 유일한 길은 그림자를 알아차리고 진심으로 껴안는 것이다.

그렇다면 제일 먼저 해야 할 일은 덮어두었던 장막을 걷는 일이다. 내 안의 그림자인 상처를 직면할 용기가 필요하다. 그럴 때 비로소 치유가 일어난다. 아직 젊은 나이인데도 상처 앞에 너무나 당당한 타나즈처럼!

그림자 껴안기

분석심리학자 융Jung이 밝힌 심리적 그림자는 결코 인정하기 싫은, 스스로도 경멸스럽고 혐오스러운 쓰레기 같은 자신의 내면을 말한다. 그림자를 밖으로 던져서(투사) 상대방을 비난하는 것을 멈추면, 자신의 그림자와 직면할 수 있다. 괴롭지만, 반드시 이뤄져야 할 과정이다. 그런 다음, 그림자를 껴안아 줘야 한다. 그것은 그런 나조차도 '용서'하고 '사랑'해야 가능하다. 그럴 때, 그림자는 얼음처럼 녹는다. 그림자 껴안기는 그림자를 녹이는 것이다.

에필로그

Epilogue

호모 룩스

새로운 마지막

곳곳에 풍선이 날고 있습니다. 땅에서 쏘아 올리는 불꽃놀이가 경쾌합니다. 알록달록한 색채가 화려한 옷을 입고 등장한 이들이 다소곳하게 앉아 있습니다. 아델의 노래 〈Someone Like You〉가 흘러나오고 있습니다. "당신이 행복하기만 바랄게요……. 걱정도 염려도 마세요. 후회와 실수들이란 게 추억에서 만들어진 것뿐이에요. 누가 알았겠어요? 추억이란 게 이렇게 달콤하고도 씁쓸할지요?" 연이어 〈Make You Feel My Love〉가 흘러나옵니다.

"비바람이 스칠 때나 세상의 짐이 너무 버거울 때, 내가 당신을 따뜻하게 감싸줄게요. 당신이 내가 보내는 사랑을 느낄 수 있도록." 열 명 남짓한 이들이 언덕바지에 옹기종기 앉아서 노래를 듣고 있습니다.

이제 내 목소리를 들려줄 차례입니다.

"안녕? 지금, 약간 울려고 하지? 그러지 마. 난 잘 있어. 아무 염려 마. 내가 잘 쓰던 말 알지? 그야말로 신기해! 여긴 아름다움으로 가득 차 있어. 잘 지내다가 다시 만나. 많이 웃고 기뻐해 줘. 마지막 이 순간까지 함께 해 줘서 고마워. 안녕!"

애교와 익살이 가득한 목소리 입니다. 모여있던 이들이 천천히 일어나서 원을 지으며 섭니다. 가운데 놓인 검은 상자를 엽니다. 순식간에 바람에 실려 날아가는 하얀 가루 속에 나는 없습니다. 그곳에 내가 없기에 나는 모든 곳에 존재할 수 있습니다. 당부했는데도 울먹이는 이한테는 약속을 어긴 대가로 살그머니 다가가 그의 어깨를 감싸줄 겁니다.

내가 기획하는 내 장례식입니다. 부디 번거로운 절차가

없기를 바랍니다. 삶도 죽음도 자연스럽다는 것을 알게 되기를 바랍니다. 더없이 따뜻하고 포근한 위로의 순간이기를 바랍니다. 갑자기 이런 말을 꺼내는 것은 왜일까요? 심리적인 위기에 처해서가 아닙니다. 오히려 그 반대입니다. 인간이 만나는 가장 두려운 순간이 '죽음'이라면, 어디 한번 죽음을 정면에서 다뤄보고 싶어졌지요. 죽음에 대한 긍정적인 인식은 삶을 빛나게 하니까요.

미국 시사 주간지 《타임》이 선정한 '20세기 100대 사상가' 중 한 명인 의학자 엘리자베스 퀴블러 로스는 "죽음이란 나비가 고치를 벗어던지는 것처럼 단지 육체를 벗어나는 것에 불과하다. 죽음은 계속해서 성숙할 수 있는 더 높은 의식 상태를 향한 변화일 뿐이다"라고 했습니다. 2004년, 그녀의 장례식은 파티 같았다고 합니다. 풍선으로 장식한 하얀 상자를 열었고, 커다란 호랑나비가 날아올랐지요. 그녀는 호스피스 환자들을 인터뷰하면서 죽음을 앞둔 사람들의 심리를 체계적으로 연구한 것으로 유명

합니다. 19세 때, 폴란드 마이데넥 유대인 수용소 벽에 그려진 나비들을 목격하고, 삶과 죽음의 의미를 평생에 거쳐 천착하게 된 것이라고 합니다. 그런 그녀는 생의 후반부에는 사후의 생에 대해 연구하기 시작했습니다. 이미 사망했지만, 그녀를 찾아와서 메시지를 들려주는 존재를 만나면서 촉발된 연구였지요. 그녀는 이렇게 말합니다. "잘 산다는 것은 근본적으로 사랑하는 법을 배우는 것이다. 사랑이란 삶이자 죽음이다. 아니 그것은 같은 것이다" 라고요. 죽은 뒤를 어떻게 완벽하게 아느냐고 따져 묻는다면, 할 말이 없습니다. 그렇지만 충분히 짐작할 수 있습니다. 모호하고 아련한 그 경계선을 살짝 넘어서 다녀온 무수한 이들의 증언이 있으니까요.

우리는 매 순간 죽고, 다시 태어납니다. 마지막은 다시 새로운 시작이라는 진리가 내 손을 이끌고 이 글을 쓰게 했습니다. 한 해의 마지막이 다가올 때쯤 생각해봅니다.

연초에 품었던 계획들은 어디로 갔을까요? 무엇을 하며 한 해를 보냈던가요? 시간은 급물살을 타고 흘렀습니다. 내 삶의 마지막 때는 어떨까요? 내 생애에서 남은 것은 무엇일까요?

지나온 내 삶을 돌이켜볼 때가 되었습니다. 자칫하면 그럴 여유가 없다고 넘어가기 일쑤지만요. 우리의 세계는 거칠고 잔인하면서도 신성한 아름다움이 있습니다. 무의미와 의미는 어떤 것이 더 우세하다고 믿느냐고 하는 개인의 기질에 따라 결정됩니다. 무의미가 지배적이라면, 인생의 의미는 점점 사라지고 말 것입니다. 분석심리학의 창시자 칼 융에 의하면, 십중팔구 양쪽 모두 다 진실입니다. 삶은 의미가 있기도 하고 없기도 합니다. 그렇지만 융은 의미가 우세하며, 이 둘의 전투에서 이기리라는 '애타는 희망'을 가진다고 했습니다.

삶의 의미를 지니는 것은 어렵지 않습니다. 성찰과 통

찰을 할 수 있으면 됩니다. 그럴 때 삶이 아름다워질 수도 있습니다. 대개의 갈등은 인간관계로부터 빚어지기 마련입니다. 에너지는 상호교류하기 때문에 긍정적 에너지를 줄 수 있다면, 신뢰와 사랑이 돈독해지겠지요. 행복감과 삶의 질도 높아지게 됩니다. 그런 뜻에서 '더불어 행복해지는 십계명'을 제시해봅니다.

첫째, 이 세상에는 나 혼자 살아나갈 수 없다는 사실을 기억해봅시다.

둘째, 누군가를 만난 것이 최악이라고 하더라도 결국 순리대로 극복해나갈 것을 믿어봅시다.

셋째, 누군가를 만난 것이 최고라고 하더라도 언젠가는 떠나보내야 한다는 것을 받아들여 봅시다.

넷째, 매일 감사한 것을 한가지씩 꾸준히 떠

올려봅시다.

다섯째, 나를 응원해주는 누군가가 있다는 사실을 떠올려봅시다. 그 대상은 이 세상에 살아있거나, 이미 돌아가셨던 분, 혹은 사람이 아닌 어떤 존재 가운데 분명히 있습니다.

여섯째, 누군가에게 도움을 받았던 일과 도움을 주었던 일들이 있을 것입니다. 이제부터는 조금씩 도움을 주는 일을 늘려보시기 바랍니다. 도움은 엄청난 행위를 일컫는 것이 아니라 긍정의 마음을 뜻합니다.

일곱째, 즐거움과 기쁨을 나눌 수 있는 대상을 마련해봅시다.

여덟째, 내가 이 세상에 태어난 것에 대한 필연적인 이유를 세상과 연관 지어 깨닫고, 어떠한 어려움에도 불구하고 그 목적을 향해 나아갑시다.

아홉째, 아무리 최악인 사람에게도 그 사람만의 장점이 있다는 것을 생각하고 찾아봅시다. 혹은 그 사람으로 인해 어떤 것을 깨달을 수 있을지 자신을 살펴봅시다.

열째, 매일매일의 삶은 영혼을 성장하기 위한 절호의 기회이며, 이러한 영혼의 성장은 타인과의 관계로 인해 형성된다는 것을 기억합시다.

이 계명의 효과는 바로 당신의 마음에 달려있습니다. 말도 되지 않다고 치부하면, 그럴 것입니다. 피상적인 말이어서 와 닿지 않는다고 해도 그럴 것입니다. 반면, 받아들이고 품으면 또 그렇게 될 것입니다. 융의 말대로 '애타는 희망'을 가진 채 감히 당신 앞에 바칩니다.

사랑의 빛 호모 룩스

발행일 초판 1쇄 발행 2023년 6월 5일 | **지은이** 박정혜 |
펴낸이 최현선 | **펴낸곳** 오도스 |
주소 경기도 시흥시 배곧4로 32-28, 206호 (그랜드프라자) |
전화 070-7818-4108 | **이메일** odospub@daum.net

ISBN 979-11-91552-18-8(03180) | Copyright ⓒ박정혜, 2023

책값은 뒤표지에 있습니다. 잘못 만들어진 책은 구입하신 서점에서 교환해드립니다.

odos 마음을 살리는 책의 길, 오도스